和谐校园文化建设读本

泽被千古

ZEBEI QIANGU

李 畅/编写

吉林教育出版社

图书在版编目(CIP)数据

泽被千古 / 李畅编写. — 长春：吉林教育出版社，
2012.6（2023.2重印）

（和谐校园文化建设读本）

ISBN 978 - 7 - 5383 - 8937 - 1

Ⅰ．①泽… Ⅱ．①李… Ⅲ．①自然科学史－中国－青
年读物②自然科学史－中国－少年读物 Ⅳ．①N092－49

中国版本图书馆 CIP 数据核字（2012）第 116043 号

泽被千古
ZEBEIQIANGU

李　畅　编写

策划编辑　刘　军　　潘宏竹

责任编辑　付晓霞　　　　　　　　　　　　　　**装帧设计**　王洪义

出版　吉林教育出版社（长春市同志街 1991 号　邮编 130021）

发行　吉林教育出版社

印刷　北京一鑫印务有限责任公司

开本　710 毫米×1000 毫米　1/16　　**印张**　10　　**字数**　127 千字

版次　2012 年 6 月第 1 版　　**印次**　2023 年 2 月第 3 次印刷

书号　ISBN 978 - 7 - 5383 - 8937 - 1

定价　39.80 元

编　委　会

主　　编：王世斌
执行主编：王保华

编委会成员：尹英俊　尹曾花　付晓霞
　　　　　　刘　军　刘桂琴　刘　静
　　　　　　张　瑜　庞　博　姜　磊
　　　　　　潘宏竹
　　　　　　（按姓氏笔画排序）

总　序

千秋基业，教育为本；源浚流畅，本固枝荣。

什么是校园文化？所谓"文化"是人类所创造的精神财富的总和，如文学、艺术、教育、科学等。而"校园文化"是人类所创造的一切精神财富在校园中的集中体现。"和谐校园文化建设"，贵在和谐，重在建设。

建设和谐的校园文化，就是要改变僵化死板的教学模式，要引导学生走出教室，走进自然，了解社会，感悟人生，逐步读懂人生、自然、社会这三本大书。

深化教育改革，加快教育发展，构建和谐校园文化，"路漫漫其修远兮"，奋斗正未有穷期。和谐校园文化建设的研究课题重大，意义重要，内涵丰富，是教育工作的一个永恒主题。和谐校园文化建设的实施方向正确，重点突出，是教育思想的根本转变和教育运行机制的全面更新。

我们出版的这套《和谐校园文化建设读本》，既有理论上的阐释，又有实践中的总结；既有学科领域的有益探索，又有教学管理方面的经验提炼；既有声情并茂的童年感悟；又有惟妙惟肖的机智幽默；既有古代哲人的至理名言，又有现代大师的谆谆教诲；既有自然科学各个领域的有趣知识；又有社会科学各个方面的启迪与感悟。笔触所及，涵盖了家庭教育、学校教育和社会教育的各个侧面以及教育教学工作的各个环节，全书立意深邃，观念新异，内容翔实，切合实际。

我们深信：广大中小学师生经过不平凡的奋斗历程，必将沐浴着时代的春风，吸吮着改革的甘露，认真地总结过去，正确地审视现在，科学地规划未来，以崭新的姿态向和谐校园文化建设的更高目标迈进。

让和谐校园文化之花灿然怒放！

本书编委会

目 录

华夏之祖——黄帝

黄帝是少典之子，本姓公孙，长居姬水，因改姓姬，居轩辕之丘（在今河南新郑西），故号轩辕氏。出生、创业和建都于有熊（今河南新郑），故亦称有熊氏，因有土德之瑞，故号黄帝。轩辕黄帝为中华民族始祖，人文初祖，中国远古时期部落联盟首领。他以首先统一中华民族的伟绩而载入史册。他播百谷草木，大力发展生产，始制衣冠，建造舟车，创医学等。

轩辕黄帝降服炎帝、诛杀蚩尤，统一中原，建立世界上第一个有共主的国家。在他统治时期，命人发明了文字、音律，人们种桑养蚕，种植粮食，捕鱼狩猎，建房制陶等。总之，我们通常所说的衣、食、住、行、农、工、商、医等方面在黄帝时代均已奠定了基础。

涿鹿之战

距今约 4600 年前，黄帝部落联合炎帝部落，与东夷的蚩尤部落在涿鹿所进行的一场大战。

据说蚩尤部落善于制作兵器，且部众勇猛剽悍，生性善战，进入华北地区后，用武力击败了炎帝部落，并想进而占据九州。炎帝部落为了生存，遂向黄帝部落求援。于是黄帝部落和炎帝部落联合起来，并在阪泉之战中打败了蚩尤部落，但并没有伤其元气。蚩尤率军队向东方逃窜。

黄帝身边的很多谋臣一再建议，要乘胜追击，万不可放走蚩尤，不然后患无穷。黄帝采纳了群臣的意见,命应龙带领三路军队堵截蚩尤的去路。又命常先、大鸿做好正面进攻准备,命风后、王亥把经过训练的300多匹火畜用来组成一支骑兵,还准备了80面夔牛大鼓。蚩尤的军队也都换上铜兵器。

传说涿鹿大战,双方都集中了所有兵力。第一次交锋,不分胜负。蚩尤总是利用气候的变化,偷袭黄帝的军队,而黄帝军队则把蚩尤围得水泄不通,不给他们留下半点逃窜的空隙。双方军队战战停停,整整对峙了七七四十九天。

一天中午,天气突变,狂风大作,天昏地暗。蚩尤认为时机已到,命夸父立即传令,准备突围逃脱。黄帝发现蚩尤意图,即命大鸿、常先和应龙按原计划进行。然后又吩咐风后、王亥:"不能随便擂战鼓,火畜不得轻易上阵。没有我的命令,绝不许乱动。"

狂风呼啸,沙尘飞扬。夸父领兵突围,被大鸿截住,双方大战起来。只见兵器相击,火星飞溅。忽然一阵狂风刮过,只听夸父惨叫一声,跌倒在地。原来,夸父的眼睛被沙子迷住了,正在揉眼之际,被大鸿拦腰砍了一刀。骄横的蚩尤,一听夸父受了重伤,怒睁双眼,他抢起板斧,左右拼杀,领兵冲出重围,杀出一条血路。黄帝发现蚩尤拼命突围,即命应龙率骑兵跨上火畜,又命风后擂鼓接应。

蚩尤凶猛异常,力大无穷,越战越猛。不料,应龙率领的骑兵忽然冲杀过来,锐不可当,一下子打乱了阵脚。蚩尤根本没有料到,轩辕还有骑着火畜打仗的骑兵。他见形势十分不利,便命令全军立刻撤退。这时,黄帝把手一挥,800面夔牛大鼓一齐擂响。传说这种夔牛大鼓,声震500里。蚩尤军队被鼓震得耳聋眼花,东倒西歪,惊慌失措,溃不成军。黄帝命六路大军,借鼓声威力,发起总攻,一举把蚩尤军队全部消灭在涿鹿之野。蚩尤见大势已去,只好一人逃进一片枫树林。应龙赶上,将他擒住,还没等到轩辕赶到,应龙手下一名小将,手起刀落,将蚩尤的头砍落在地。这个蛮横霸道不可一世的罪魁祸首,就这样结束了他的性命。

这时，常先、大鸿和风后押着蚩尤身边的军师——风伯和雨师，还有受了重伤的夸父走了过来。风伯、雨师跪在黄帝面前认罪，表示愿意归顺黄帝。黄帝指着蚩尤的尸体说："蚩尤残暴成性，一意孤行，不听劝阻，这就是他应得的下场。但他发现了金石，教民学会了冶炼铜器，这又是他的一份功劳……"风伯、雨师听了这话更加佩服黄帝的宽大胸怀，心里十分感激。他们两人请求把蚩尤的尸体妥善安葬，黄帝答应了。

传说，黄帝与蚩尤一共打了3年仗，交锋了72次，前后经过阪泉之战、冀州之战和涿鹿之战。最后把蚩尤消灭在涿鹿之野。

远古时代的这场战争，结束了部落时代的历史，各部落的人都愿意归顺黄帝，一致拥戴他为盟主。从这时起，世界上第一个中央有共主的国家建立起来了。中华民族开始形成了，从此以后，人们都尊称轩辕黄帝为中华民族的始祖。

黄帝大战蚩尤造指南车

谁都知道，中国古代的"四大发明"是对人类文明的重大贡献。特别是指南针，至今还是世界航海中广泛运用的仪器之一。那么，最原始的指南针——指南车是谁发明的呢？这个问题还得从四五千年前黄帝大战蚩尤的时候说起。

指南车

传说黄帝和蚩尤作战 3 年,进行了 72 次交锋,都未能取得决定性的胜利。在一次大战中,蚩尤在眼看就要失败的时候,请来风伯、雨师,呼风唤雨,给黄帝军队的进攻造成困难。黄帝也急忙请来天上一位名叫旱魃(bá)的女神,施展法术,制止了风雨,才使得军队得以继续前进。这时,诡计多端的蚩尤又放出大雾,霎时四野弥漫,使黄帝的军队迷失了前进的方向。黄帝十分着急,只好命令军队停止前进,原地待命。并马上召集大臣们商讨对策。应龙、常先、大鸿、力牧等大臣都到齐了,唯独不见风后。有人怀疑风后是不是被蚩尤杀害了。黄帝立即派人四下寻找,可是找了很长时间,仍不见风后的踪影,黄帝只好亲自去找。当黄帝来到战场上时,只见风后独自一人在战车上睡觉。黄帝生气地说:"什么时候了,你怎么还在这里睡觉?"风后慢腾腾地坐起来说:"我哪里是在睡觉,我是在想办法。"接着,他用手向天上一指,对黄帝说:"你看,为什么天上的北斗星,斗转而柄不转呢?臣听人说过,伯高在采石炼铜的过程中,发现过一种磁石,能将铁吸住。我们能不能根据北斗星的原理,制造一种会指方向的东西,有了这种东西就不怕迷失方向了。"黄帝一听笑着说:"原来你躺在这里想的就是这个。"黄帝把风后的这个想法告诉众臣,大家议论了一番,都认为这是一个好办法。然后,就由风后设计,大家动手制作。经过几天几夜奋战,终于造出了一个能指引方向的仪器。风后把它安装在一辆战车上,车上安装了一个假人,伸手指着南方。风后告诉所有的军队:"打仗时一旦被大雾迷住,只要一看指南车上的假人指着什么方向,马上就可辨认出东南西北。"

从此,黄帝的军队再也不怕蚩尤的大雾了。人人勇敢善战,个个奋勇争先,终于战胜了蚩尤,把他一直追到涿鹿之野杀死了。

黄帝打通了中原的道路,控制了黄河中游一带。不久,风后因年迈体弱,经常疾病缠身。黄帝为他寻了很多名医名药,都没有把他的病治好。在他死后,黄帝和大臣们都非常悲痛。

为了不忘风后的功绩,黄帝亲自为他选了一块坟地,把他埋葬在黄河以北的赵村。后世人又把赵村改名为"风后陵"，意思是风后的陵墓。由于这里靠近黄河，几经变迁后，风后陵已经成为黄河上著名的渡口"风陵渡"。

黄帝与仓颉造字

有一次，黄帝的军队和蚩尤的军队交战，双方打得难分难解，胜负未分。黄帝准备改变战术，叫仓颉把作战图拿来，仓颉一摸，身上带的作战地图早已丢失，黄帝又气又急，只好暂且收兵回营。

黄帝对仓颉说："你是我身边最聪明的一位大臣，怎能在打仗的生死关头把作战地图丢失？这是多大的过错啊！"仓颉回答说："黄帝，如今人多事杂，又要经常打仗，用结绳记事，刻木为号的传令办法实在难以应付。若照这样下去以后还会出更大的乱子。"黄帝问："那该怎么办？"仓颉说："只要有一种图，天下人一看，就能明白是什么意思。用这种图把你说的话画出来，人们都会按照你的意思去做。"黄帝觉得他说的很有道理，便说："好吧，今后你就不要随军打仗了，专门留下来给咱们画图造字吧！"

这下可把仓颉难住了。图和字怎么造呢？他整天苦思冥想，半年过去了，眼看已到冬天，仓颉还没有想出造字的办法来，一天夜里下了一场大雪，仓颉一早起来到山上去打猎，只见满山遍野白雪皑皑，山川树木全被大雪覆盖。仓颉转了一座山，也未见到一个猎物。正准备下山回去，突然从树林里窜出来两只山鸡，在雪地上觅食。山鸡走过后，在雪地上留下了两行长长的爪印。接着，又有两只小鹿也窜出树林，发现人后撒腿跑掉了，雪地上又留下了小鹿的蹄印。仓颉看得出神，早已把打猎的事忘得一干二净。他把山鸡的爪印和小鹿的蹄印一对比，发现形状不一样。于是他想，把鸡爪印画出来就叫鸡，把鹿蹄印画出来就叫鹿。世界上任何东西，只要把它的形象画出来不就成了字吗！想到这里，仓颉心花怒放，回去后就把他的这个想法向黄帝报告。黄帝听后笑着说："我说过，你是个聪明人，果然不出所料。好吧！你就把天下的山川日月，飞禽走兽，都按照它们的形象造出字来，我再颁布天下。"从这以后，仓颉每日仰观日月星辰，俯察鸟兽山川，创造象形文字。不久，人、手、日、月、星、牛、羊、马、鸡、犬这些字都造出来了。可是象形文字越造越多，往哪里写呢？写在石头上拿不动，写在木板上太笨重，写在兽皮上也不合适，这又把仓颉难住了。

一天，有个人在河边捉住一只大龟，前来请仓颉给它造字。仓颉把龟细看了一遍，发现龟背上有排列整齐的格子，便照龟的形象，造了个"龟"字。然后又把字刻在龟背上的方格子里，龟由于背上刻字感到疼痛，乘人不防时，爬进河里去了。三年以后，这只背上刻字的龟，在另一个地方又被人捉住。人们告诉仓颉，刻在龟背上的字不但没有被水冲掉，而且还长大了，字迹也更明显……

从此以后，仓颉就命人捉到龟把龟壳都取下来，他把自己造出的所有象形字都刻在龟壳的方格子里，然后用绳子串起来，送给黄帝。黄帝看了很高兴，命人好好收藏，并给仓颉记了一大功。传说从这时起，我们中华民族就有了最早的象形文字甲骨文。

《黄帝内经》成书的传说

《黄帝内经》包括《素问》和《灵枢》两大部分，各有文章 81 篇，内容非常广泛。《黄帝外经》37 卷，据说内容也很丰富，可惜失传了。

黄帝的这两部医学著作是怎样写成的呢？相传在黄帝时期，人们生活在极端艰苦的环境中，生活资料十分缺乏，而且经常遭受野兽的伤害和烈火、洪水等自然灾害的威胁。平时在打猎的过程中还会不断出现跌打损伤等事故。因此，因病伤而死的人越来越多。当时，部落约有 1/3 的人，活不到 14 岁就死去了。死于 30 到 50 岁之间的人，约有 1/4。寿命最高的也活不到 60 岁。黄帝经常为此事愁得吃不下饭，睡不着觉。那时候，没有人懂得用药物治病，更不懂得预防。人一得病，只有听天由命，谁也没有办法。

有一次，黄帝带领一支队伍进山狩猎，一只老虎突然向他们猛扑过来，黄帝急忙拉弓向老虎射了一箭。由于没有射中要害，箭头从虎背穿皮而过，受伤的老虎逃走了。几天后，有人发现那只老虎在一片树林里专门寻找一种长叶草吃，而且边吃边用舌头舔背上的伤口。虎背上的伤口没有血迹，也没溃烂。黄帝听到这个情况。立刻命人前去察看，并一再叮咛不许杀害老虎。察看的人回来说："受伤的老虎吃了这种长叶草，伤口不但不流血，而且已慢慢愈合了。"黄帝听后，沉思了一会儿，便派人把老虎吃的这种长叶草采集回来，专门给部落里受伤流血的人吃。受伤流血的人吃了这种长叶草，果然收到止血止痛的效果。黄帝兴奋地说："看来，野兽有时比人还聪明。它们受伤后，知道吃草治伤，我们就不知道这个道理。"

还有一次，黄帝手下驯养动物的能手——王亥在训练一只熊时，由于这只熊不听指挥，王亥一怒之下，失手将它的一只后腿打断。这时，有人主张将熊杀掉吃肉；有人却说："这是一只母熊，留它一条命，也许还能生育小熊呢！"王亥按后一种意见，把这只断腿的母熊放了。这只母熊一颠一跛地钻进了树林，不料又被几个猎人发现。其中一个猎人正准备用箭射它，忽然看到这只熊的一条后腿吊着，正在树林的草丛里寻找什么。猎人便隐藏起来仔细观看。原来这只熊用前掌在草丛里刨一种雪白的草根。每刨出一撮，先放在嘴里嚼一阵，然后吐出来，再用前掌轻轻地敷在被打断的后腿上。猎人感到非常奇怪，便没有惊动这只受伤的母熊，回去后把在树林里看到的情景报告给黄帝。黄帝听后，又派人去树林里察看。谁知，去的人找了三天，也没有发现这只熊的踪影。十几天以后，当有人在另一片树林里发现这只熊时，它的断腿不知什么时候长好了。一见猎人，就飞快地逃得无影无踪了。人们把熊刨过的这种草根从地里挖出来捣烂以后贴在损伤筋骨的人身上,结果把他们都治愈了。

黄帝从这两件事上受到很大启发。知道自然界有很多东西都可以用来治疗疾病。于是他命雷公、岐伯二人,经常留意山川草木,虫鸟鱼兽,看它们如何生存。雷公、岐伯按照黄帝的吩咐,对自然界的飞禽走兽,草木花卉等,都详细地加以观察和记录,并进行研究和试验,直到最后确认什么东西能治什么病为止,再由黄帝把它正式整理出来。这就是我国最早的《医案》和《本草》。经过长时间的积累,中华民族的第一部医药著作——《黄帝内经》就这样产生了。

治水有功的大禹

禹 姒姓夏后氏，名文命，号禹，后世尊称大禹，夏后氏首领，传说为帝颛顼（zhuānxū）的曾孙，黄帝轩辕氏第六代玄孙。他的父亲名鲧（gǔn），母亲为有莘氏女，字修己。相传禹治黄河水患有功，受舜禅让继帝位。禹是夏朝的第一位天子，因此后人也称他为夏禹。他是我国传说时代与尧、舜齐名的贤圣帝王，他最卓著的功绩，就是历来被传颂的治理滔天洪水，又将中国划分为九个行政区域是为九州。后人称他为大禹，也就是伟大的禹的意思。

大禹治水

大约在 4000 多年前，我国的黄河流域洪水为患，尧命鲧负责组织并领导治水工作。鲧采取"水来土挡"的策略治水。鲧治水失败后由其独子禹主持治水大任。禹接受任务后，首先就带着尺、绳等测量工具到全国的主要山脉、河流作了一番周密的考察。他发现龙门山口过于狭窄，难以通过汛期洪水；他还发现黄河淤积，流水不畅。于是他确立了一条与他父亲的"堵"法相反的方针，叫作"疏"，就是疏通河道，拓宽峡口，让洪水能更快地通过。禹采用了"治水须顺水性，水性就下，导之入海。高处就凿通，低处就疏导"的治水思想。根据轻重缓急，定了一个治的顺序，即先从首都附近地区开始，再扩展到其他各地。禹新婚仅仅四天，还来不及照顾妻子，便为了治水，到处奔波，三次经过自己的家门，都没有进去。

　　当时，黄河中游有一座大山，叫龙门山（在今陕西与山西交界处）。它堵塞了河水的去路，把河道挤得十分狭窄。奔腾东下的河水受到龙门山的阻挡，常常溢出河道，闹起水灾来。禹到了那里，观察好地形，带领人们开凿龙门，把这座大山凿开了一个大口子。这样，河水就畅通无阻了。禹治水13年，耗尽心血与体力，终于完成了这一件名垂青史的大业。

建立夏朝

　　禹十分关心百姓的疾苦。有一次，他看见一个人穷得把孩子卖了，就把孩子赎了回来。他见有的百姓没有吃的，就让后稷把仅有的粮食分给百姓。禹穿着破烂的衣服，吃粗劣的食物，住简陋的席篷，每天亲自手持耒（lěi）锸，带头干最苦最脏的活。几年下来，他的腿上和胳膊上的汗毛都脱光了，手掌和脚掌结了厚厚的老茧，躯体干枯，脸庞黧（lí）黑。经过13年的努力，他们开辟了无数的山，疏浚了无数的河，修筑了无数的堤坝，使天下的河川都流向大海，终于根治了水患。刚退去洪水的土地过于潮湿，禹让益发给民众种子，教他们种水稻。

　　由于禹治水成功，在天下的威望达到顶点。万民称颂说："如果没有禹，我们早就变成鱼和鳖了。"帝舜称赞禹说："禹啊禹！你是我的胳膊、大腿、耳朵和眼睛。我想为民造福，你辅佐我。我想观天象，知日月星辰，你谏明我。我想听六律五声八音来治乱，宣扬五德，你帮助我。你从来不当面阿谀或背后诽谤我。你以自己的真诚、德行和榜样，使朝中清正无邪。你发扬了我的圣德，功劳太大了！"帝舜在位33年时，正式将天子位禅让给禹。17年以后，舜在南巡中逝世。三年治丧结束，禹避居阳城，将帝位让给舜的儿子商均。但天下的诸侯都离开商均去朝见禹。在诸侯的拥戴下，禹正式即天子位，以安邑（今山西夏县）为都城，国号夏。

建立了我国历史上第一个奴隶制国家——夏朝（公元前 2070 年—前 1600 年），分封丹朱于唐，分封商均于虞。改定历日，以建寅之月为正月。又收取天下的铜，铸成了九鼎，作为天下共主的象征。

帝禹共在位 45 年，庙号圣祖，谥号后禹。

政权建设

大禹是古代一位具有雄才大略的政治家、伟人。他治水是与治国养民结合进行的。在治水害的同时，还指导人们恢复和发展农业生产，大兴水上运输，重建家园。每治理一个地方，都主动团结氏族部落酋长，完善政权建设，使百姓安居乐业。史书记载，洪水退去后，一块块平原露出水面，他带领人们在田间修起条条沟渠，引水灌溉，种植粟、黍、豆、麻等农作物，还让人们在地势低洼的地方种植水稻。不仅治理水患获得巨大的成功，而且农业生产也取得了进步。孔子曾颂扬禹治水的功德说："我简直找不到他的一点缺点，他的宫室简陋却没有想到改善，而是尽全力平治水土，开沟洫，发展农耕，鼓励人民从事劳动。"

大禹治水成功，使他建立了极高的威望。舜召集各氏族部落酋长开庆功大会，赐给他用美玉琢磨而成的玄圭，以示其丰功伟绩。当舜年老时，众人一致推举禹为部落联盟的首领。

禹接位后，中原各部落逐步形成以夏族为中心的领导集团。禹在这个集团中的地位已初具王权性质。他让治水时掌管刑罚的皋陶制定了一些规定，各氏族部落如有不听号令者，就要以刑罚来惩办。禹还有组织地对不听教化多次叛乱的苗族进行征伐，打败了苗军，打死了三苗酋长，势力范围达到江淮流域。舜死后，禹守孝三年，仍按传统的禅让制把帝位让给舜的儿子商均。但"天下诸侯皆去商均而朝禹。"于是禹再即天子位。

分九州

禹走遍天下，对各地的地形、习俗、物产都了如指掌。为了巩固夏王朝，他把全国分为九州（即冀州、兖州、青州、徐州、扬州、荆州、豫州、梁州、雍州)进行管理。此外禹还规定:天子帝畿以外 500 里的地区叫甸服,再外 500 里叫侯服,再外 500 里叫绥服,再外 500 里叫要服,最外 500 里叫荒服。甸、侯、绥三服,进纳不同的物品或负担不同的劳务。要服,不纳物服役,只要求接受管教、遵守法制政令。荒服,则根据其习俗进行管理,不强制推行中朝政教。他还"南省方,济于江",到南方巡视,在涂山(今安徽蚌埠市西)约请诸侯相会。禹为纪念这次盛会,把各方诸侯部落酋长们送来的青铜铸成九个鼎,象征统一天下九州,成为夏王朝之象征。

教 化

当了天子的禹更加勤奋地为万民谋利,诚恳地招揽士人,广泛地听取民众的意见。有一次,他出门看见一个罪人,竟下车问候并哭了起来。随从说:"罪人干了坏事,你何必可怜他!"帝禹说:"尧舜的时候,人们都和尧舜同心同德。现在我当天子,人心却各不相同,我怎能不痛心?"还有一次,仪狄造了些酒,帝禹喝了以后感到味道很醇美,就给仪狄下命令,要他停止造酒,说:"后代一定会有因为酒而亡国的。"

东南地区古称"九夷",即九个较大的部落。禹为加强对其统治,几次出巡该地区,传播中原文化和礼教,受到当地百姓尊敬和礼遇。他沿途向当地人询问习俗,鼓励农耕,告其农时,播种五谷,教育部族酋长们讲礼仪,知法度,不以强凌弱,和睦相处。同时又宣布,若有不听教化者,要以兵征讨,决不客气。当时,古越部落酋长防风氏,总想独霸一方,自称越人各部落之长,不听禹的命令。禹在苗山大会上当众命令将他处死,并暴尸三天。各地诸侯、方伯深知夏王朝的威力和禹的神圣,再不敢冒犯禹王。那些没有参加朝见禹王的氏族部落听说此事,也纷纷向夏王朝进贡称臣。

由于禹是活动在崇山一带的夏部落的首领,故被称为夏后氏,他所建立的中国历史上的第一个王朝就被称为夏。夏王朝的建立,标志着中国原始社会的结束,阶级社会的开始,是中国古代社会发展史上的一个重要里程碑。

辅创霸业的管仲

春秋时代，齐国有一位著名的政治家，由于他的奋发作为，齐桓公率先成就了霸业，阻挡了夷狄对中原的侵犯。孔子曾称赞他说："如果没有他的存在，也许我们现在还得生活在愚昧落后之中。"此人就是管仲。

管仲出身于没落贵族家庭，属于"士"的阶层。春秋时的士，能文能武，平时从政，战时从军。管仲年轻时，因生活贫困，做过商人，到过很多地方，长期生活在社会的底层，了解百姓的疾苦，积累了丰富的社会经验，为他日后的政治生涯，打下了坚实的基础。

初为齐相

春秋时，原来由周天子分封的诸侯，势力逐渐强大起来。他们表面上尊奉周天子，暗中早已不把他放在眼里，纷纷将自己的诸侯国变成脱离天子控制的国家。这些诸侯国比较强大的是齐、晋、秦、楚、吴、越。它们都先后当过霸主，最早的一个是齐桓公。

这些诸侯国为争夺霸主地位，不断地打仗，对于人民的生活和生产非常不利，但在维护中原地位、抗击异族入侵等方面，却有一定的积极意义，尤其齐桓公的称霸，客观上阻挡了夷狄对中原华夏文明的侵犯。

齐桓公当上国君后，很想使自己的国家富强起来，然后当一名霸主。为此他求贤若渴。当他听说管仲是个难得的治国人才时，便马上让人请管仲来，求教治国之道。

齐桓公问管仲道："齐国怎样才能安定富裕起来？"

"要想使国家安定富裕起来，国君心中就要有远大的目标。对于齐国来说，就是要努力成为一流强国，使其他国家都顺从齐国，也就是称霸诸侯。"管仲回答说。

"称霸诸侯当然是我的理想所在了，不过现在我还不敢有此奢望，还得等一等，等时机成熟了再行事吧。"

听桓公这么一说，管仲有些着急，说："我应召前来，就是想帮助大王您治理国家、图谋霸业的。如果大王您并无此意，我还是走了的好。"说罢起身要走。

桓公见管仲要走，马上表示要以图谋霸业为己任。管仲见桓公明确了态度，便又坐了下来。

桓公接着又问道："要使国家安定富裕起来，应该从哪里下手？"

"先要取得民心。"管仲答道。

"那么怎样才能取得民心呢？"

"应当爱惜百姓，君王只有爱惜百姓，百姓才能愿意为国家出力。"

"那么怎样才能做到爱惜百姓呢？"

"爱惜百姓，就得先使百姓富足；百姓富足，国家才能得到治理，这是规律。所谓治国常富，乱国常贫，便是这个道理。"

"百姓富足了，而士兵不够怎么办，如何才能训练出好的士兵？"

"兵在精而不在多，兵精则士气旺盛，士气旺盛，还怕训练不出好士兵吗？"

"士兵有了，国库匮乏怎么办？"

"开发山林矿藏，利用海水煮盐，以此获利，然后搞活贸易，繁荣商业，聚集百货，从中取税。这样，国库自然也就充实了。"

"兵势强盛，国库充实，就可以进行争霸了吗？"

"当然还不行。如果急于用兵，百姓就要吃苦遭殃，不如抓紧时间，施惠于百姓，让百姓休养生息。现在齐国还不稳定，急于用兵，是危险的。"

听罢管仲的一番高论,齐桓公信服了。不久便拜管仲为相,主持齐国政事。管仲十分感激桓公对自己的信任和重用,因而专心致志地辅助桓公治理齐国,创建霸业。

整顿内政

管仲任相后,实行了一系列整顿内政的重要措施。

首先把国都划分成 21 个区域,即 21 个乡,由国君和上卿(古代在国君之下分为卿、大夫、士三个级别)分别管理。然后再把国都以外地区,即"野"的部分划分成 5 个大区域,每个区域称为"属"。属下设县。这样做的目的是使百姓各安其居,各守其业,避免杂处或是任意迁移,有利于国家的统治。

接着,又对军队进行了改制,把军事组织和行政组织统一起来,寓兵于农,兵民合一,平时生产,战时从军。具体做法是每家出 1 人,5 人为 1组,以此为基本单位,逐级递增,1 万人组成 1 军,全国共有 3 军。每组人要有福同享,有难同当。这样,在夜里打仗时,只要听到同伴的声音,就不会乱了阵脚;白天打仗时,只要望见同伴的容貌,就会互相认识。从而增强了军队的战斗力。

管仲十分重视人才。他认为:"人才是治国之本,再强大的国家缺乏人才,也是不行的。"而人才又大多集中在有文化的士的中间,因此他十分注意从士中选拔人才,规定士如果通过三级选拔,就可以作上卿的助手。

管仲还十分重视经济的发展,鼓励百姓开发沿海资源,发展捕鱼、煮盐业。他认为:"治国的根本在于富民,百姓只有衣食充足了,才能知道荣辱而不犯法。如果有一位农民不种地,就会有人挨饿;有一位女子不纺织,就会有人受冻。"管仲对外的经济政策也很高明,他鼓励百姓从事本国特产的生产与销售，由国家垄断价格，赚其他国家的钱。

尊王攘夷

整顿了内政，充实了国力，但管仲认为仅凭这些来创建霸业还是不够的，还得有名份，有理由。只有在政治上站住脚跟，在诸侯间形成影响，在人们心里树起美好的形象，才能使诸侯心服口服，才能真正实现霸业。

为此，管仲建议齐桓公打出"尊王攘夷"的旗号，以扩大政治影响。春秋时，周天子仍然保持天下共主的名位，在中原各国中还有一定的政治影响，管仲提出的"尊王"，就是要利用天子的影响，以天子的招牌来号令诸侯，名正言顺地去创建霸业。

所谓"攘夷"，是针对春秋初期民族矛盾日益激化而提出的。当时中原以外的地方，特别是北方的戎、狄部落，对中原不断进行侵扰，使先进的中原文化遭到严重破坏。在这种情况下，大家迫切希望有人能成为抵御外侮的带头人，而齐国的崛起给各国带来了希望。"攘夷"的提出，正好迎合了时代的需要，于是中原各国纷纷靠向齐国。这样，齐桓公就成了中原各国的带头人了。

管仲打出"尊王攘夷"的旗号后，在行动上也采取了积极的态度。当时北方少数民族戎南下侵燕，燕国抵挡不住，急忙请求齐国出兵援助，管仲于是便派兵北伐。戎人哪里禁得住齐军的有力反击，很快便向后撤退了。其首领带着残兵败将，逃到孤竹国借兵去了。管仲率兵一直追到孤竹国，大获全胜。

经此一战，燕国的土地面积增加了500多里，成了大国。燕国国君十分感激齐桓公，其他诸侯知道后，也都认为齐国做得对，称赞齐国军队是仁义之师，齐桓公是正义之君。

后来太行山一带的狄人侵犯邢国，形势十分危急。管仲给齐桓公出谋说：

"中原各国，彼此亲近，互有联系，算是一家。我们作为中原大国，见别国有难，不应袖手旁观，只有出兵救邢，才能显示出带头人的风范和气魄来。"

"话虽是这么说，但出兵打仗，总会损兵折将的，这损失又只能是我们自己来承担，这样做，我们是否太亏了呢？"桓公有些疑虑。

"出兵打仗是要有损失的，但这点损失与所赢得的政治影响是无法比拟的，我们打的是政治仗。要成大事，就得把眼光放远一点，要做常人不敢做的事情。"

齐桓公见管仲说得有理，便下令出兵救邢。狄人见齐国出了兵，很快就退走了。邢国暂时转危为安。

狄人退了兵，没有受到打击，气焰仍然十分嚣张。不久出兵灭了卫国。卫国只剩下了几千人，而且一无所有，没法生活。管仲又派大队人马前去救助卫国，还带去了4匹好马和5套祭服送给卫君。另外还有牛、羊、猪、鸡、狗等畜禽各300只，建筑房屋的木料也运去了不少。由于齐国的救济，卫国又重建了起来。

刚刚安顿好卫国，邢国的灾难又来了。狄人再次进攻邢国，占领了邢的都城。管仲于是联合宋、曹两国军队，前往救援，赶走了狄人。然而邢国的都城已成了一片废墟，邢国人无法在旧都住下去了，于是齐国帮助邢国把都城迁到齐国附近。齐、宋、曹联军又把邢国旧都的财物收集起来，交给邢国，没留下一点。

援燕救邢存卫，是管仲帮助齐桓公创建霸业的一大功业，它阻止了戎、狄部落的侵扰，对保护中原先进文化，起了积极的作用。

会盟诸侯

实行了一连串的仁义之举后，管仲认为还得召集各诸侯国的国君开个会,也就是会盟,让他们拥戴齐桓公当霸主。

正当管仲想方设法为齐桓公找这样一个机会的时候,宋国发生了动乱。管仲马上与桓公商定,邀请各国诸侯在齐国境内一个叫北杏的地方集会,商讨安定宋国的计策。怎奈很多国家对此并不感兴趣。除了宋国以外,应邀赴会的只有陈国、蔡国和邹国。虽然会议还算成功,但场面太小,显示不出一个霸主的地位来。

齐桓公觉得,这次会盟很丢面子,心里实在不舒服,决心再次显示齐国的威力。于是便拿弱小的邻国遂开刀。遂很小,离北杏很近,居然拒不参加北杏会盟。齐国以此为借口,出兵讨伐它。遂国哪里抵抗得住,很快便灭亡了。

为进一步提高齐国的威望,在管仲建议下,桓公召集宋、卫、郑三国君主在鄄(juàn)这个地方会盟,同时请周天子派人参加,表示这次会盟是天子批准的。一些比较强大的国家都应邀赴了会。

不久,在管仲建议下,桓公干脆以自己的名义,邀请几个大国的君主,再次在鄄城会盟。这次会盟,收到了良好的效果,到会的除了上次的几路诸侯外,陈国君主,也老远跑来参加。会议开得非常成功,在会上,大家公认齐桓公为霸主。

一年后,齐、鲁、宋、陈、郑5国君主在幽这个地方会盟。周天子见齐国的霸业已经形成,便正式任命齐桓公为"侯伯"。"伯"就是首领的意思,"侯伯"就是诸侯的首领,也就是霸主。这样,齐桓公便名正言顺地成了霸主。齐桓公的霸业在管仲辅助下至此达到了顶峰,齐国成为春秋时期第一个称霸诸侯的国家。

管仲死后,桓公失去了依靠。在处理政务上不断失误,管仲辛辛苦苦创建的霸业很快便付诸东流了。

由后人编写成书的《管子》,记载了许多关于管仲的事情,成为我们今人研究管仲思想的极为重要的史料。

一鸣惊人的楚庄王

春秋时期，周王室衰微，诸侯并起，一时间英雄豪杰辈出，尤其春秋五霸更为人们所称道，其中有一位被称为"南蛮"的霸主，他就是楚庄王。

楚庄王是地处长江中游的楚国的国君，即位时还未满20岁，在位23年。他可是一位了不起的国君，有谋有略有主意。在同其他诸侯国争夺霸业的过程中，取得了很大的成功，叫人打心眼儿里佩服。在他的奋争下，楚国强盛起来，成为当时一流的强国，楚庄王也因此成为一代霸主。

一鸣惊人

楚庄王的成功来之不易，他为此动了不少脑筋，费了不少力气。他想，要称霸天下，仅凭自己一个人的力量是不行的，单枪匹马哪里能干成大事儿。必须得有一些胆识兼备的大臣做帮手才行。可自己刚刚当上国君，年纪又轻，对手下还不了解，到底谁好谁坏也不清楚，如果单凭表面现象用人，万一被有心机的人钻了空子岂不坏了大事。不能就这么草率行事，千秋大业是急不来的，先摸清情况再说。

楚庄王采用了一条妙计，自己假装无所事事，整天吃喝玩乐，给人以昏君的假象，然后偷偷观察大臣的言行。这样做可以使大臣在一种毫无惧怕的情况下，充分暴露自己的本性，从而真实地了解大臣的情况。不过楚庄王认为仅仅这样做还是不够的，为了进一步发现胆识兼备的大臣，他又下了一个谁向他提建议就惩罚谁的命令，想借此来看一看楚国到底有没有为国家的利益而不惜生命，敢以死来向他提建议的大臣。

果然，楚国确实有这样的大臣，伍举就是其中的一个。伍举这个人不但不怕惩罚，还很有计谋。他想，如果就这样直来直去地向楚庄王提建议，不被惩罚才怪呢！于是便想出了一个让楚庄王猜谜的办法来提建议。

伍举找了一个楚庄王高兴的时候，对他说："大王，咱们来猜一个谜玩一玩怎么样?"楚庄王高兴地说："好啊，你有什么好谜，快说出来让我猜一猜。"伍举便说："大王你听好了。从前有一个大鸟，落在河边三年了，可是它却不飞不鸣，这是怎么回事呢，大王你能说上来吗?"楚庄王一听便明白了，伍举说的正是自己，便回答说："这个大鸟三年不飞也不鸣，是因为它在积蓄足够的力量。它要飞，就得冲天；要鸣，就得惊人。"于是告诉伍举："我明白了你的意思，你可以下去了，我会考虑怎样去做的。"

楚庄王看出伍举是个人才，可以成为自己的好帮手，自然十分高兴，但又觉得就伍举一个人，也实在太少了点，还得再找几个才行。于是楚庄王表面上仍然是吃喝玩乐，不干正事，暗中观察。

这样又过了几个月，有一个叫苏从的大臣实在坐不住了，心想楚庄王老是这个德行国家不就完了吗？便冒着被惩罚的危险向楚庄王提建议。楚庄王见他站了出来，自然更是十分高兴了，哪里还会惩罚他。

经过三年多的观察，楚庄王终于摸清了大臣们的真实情况，认为"冲天""惊人"的时刻到了。于是亲临朝政，惩罚了一批坏人，任用了一批贤能，并把国家的大政交给伍举和苏从去管理。老百姓见此情景真是高兴极了，一片欢腾。从此，楚庄王便开始了正式争霸活动。

楚庄王带兵打败了反叛的庸国人和麇(jūn)国人。三年后楚庄王又带兵攻打陈国，击败了前来援陈的晋国军队。这是楚庄王在位期间，楚晋两国争霸的第一次正式交锋，显示了楚国的实力。不久楚国又指使郑国讨伐亲晋的宋国，将宋国打得大败。楚庄王所进行的这一系列"惊人"之举，震惊了地处中原一带的先进国家，他们对楚庄王咄咄逼人的攻势感到害怕，从此再也不敢小看楚国了。

问鼎中原

军事上的胜利，使得楚庄王更加雄心勃勃。他一方面加强军事力量，一方面采取凌厉的外交攻势。最能说明这个问题的，莫过于楚庄王向周王室问鼎的大小轻重这件事儿了。这里说的鼎，是指九鼎。相传我国第一个朝代夏，用各地送来的贡金做成了九只鼎。夏亡后，便被商朝得了去，商亡后，又被周朝得了去。这九只鼎代代相传，成了传国的宝物，被视为王权的象征。谁占有了这九只鼎，谁就具有了称王天下的合法资格。楚庄王当然想得到这九只鼎，于是便找了个机会，问一问周王室保存的这九只鼎的情况。目的是向周王室示威，试探一下周王室的虚实，同时也想借此机会向天下人显示一下自己的实力。

楚庄王利用攻打一个叫陆浑戎（róng）部落的机会，顺便带兵来到洛水河畔，在周王室的城边阅起兵来。周天子见此情景十分生气，但又无力惩治他，只好按当时礼节，派使臣王孙满前去慰劳楚军。

楚庄王见王孙满前来慰劳，觉得这是个好机会，便向王孙满打听周王室保存九只鼎的情况，王孙满明白楚庄王的真实用意，就对楚庄王直截了当地说："我看你楚庄王能否称霸天下，关键不在那九只鼎上，而在于你的德行。如果你有好的德行，那九只鼎再大再重，你也会拿到手；如果你没有好的德行，那九只鼎再小再轻，你也拿不走。周王室现在是衰落了，可是你楚庄王的德行还不到占有它的程度。"楚庄王感到王孙满的这一席话说得义正词严，颇有道理，便带兵退了回去。

问鼎的事儿过去了，它给楚庄王很大震动。他原以为只要楚国稍微费点事儿，就能得到九鼎。没想到要想称霸天下，单靠武夫之勇是不行的，还必须有美好的德行。楚庄王在以后的争霸战争中，十分注意自身的德行问题。每次出兵打仗，都要有正当的理由，把扶弱抑强看作是自己的本分。楚庄王实行德政，在诸侯中树立起良好的形象，并取得了与晋国邲（bì，河南荥阳北）之战的胜利，将晋国打得大败。此后，楚庄王饮马黄河,雄视北方,终于当上了中原霸主。

堪称明君

楚庄王不仅有赫赫战功,而且政绩斐然。他善于发现人才,还善于重用人才。重用人才最得当的例子,莫过于任用孙叔敖为楚国令尹(掌管国家政务)了。孙叔敖是一个乡下人,长得很丑,在一般人眼里是根本无法任用的人。可是楚庄王却发现他有许多常人不具备的能力,认为他是一个人才,便大胆地起用了他。孙叔敖为了报答楚庄王的知遇之恩,日夜不停地工作,加速了楚庄王实现霸业的进程。

楚庄王为政还有一个长处,就是虚心听取不同的意见。一次,楚庄王因为陈国的一个叫夏征舒的人杀了他自己的国王,篡夺了政权,就发兵灭了陈,将陈变成了楚国的一个县。大臣申叔时觉得楚庄王做得有些过火,便对楚庄王说:"讨伐陈国是对的,但将陈国变为自己的一个县,就做得太过分了。"楚庄王觉得申叔时的意见很正确,便及时采纳了,恢复了陈国。后来孔子读史书,看到了这件事,不禁大发感慨,认为楚庄王是一位贤明的国君,为一句忠言,竟放弃了一个国家,连声赞叹:"了不起,了不起。"

重视法制是楚庄王统治的又一特点。他提高懂法、执法之人的社会地位,把这些人看成是国家的栋梁。为了维护法律的尊严,楚庄王从不徇私枉法。楚国有"车辆不准到宫门前停下"的法令,太子触犯了这条法令,执法官依法惩罚了他。太子非常生气,要求楚庄王杀了执法官,为自己出气。可是楚庄王不但没有杀执法官,还给执法官晋升了二级,称赞执法官是守法之臣,并批评了太子,教育他要遵纪守法。

由此可见楚庄王的的确确是一位十分了不起的国君,为了成就霸业,实现理想,他执着不懈,付出了许多心血和代价,用自己的行动在历史上留下了重重的一笔。

统一中国的秦始皇

战国末期，七国争雄。秦国出现了一位雄才大略、敢想敢为的国王，他以气吞山河之势，兼并了六国，创建了前无古人的伟业，成为中国历史上第一位皇帝，他就是秦始皇。

秦始皇，姓嬴（yíng）名政。秦庄襄王的儿子。13 岁继承王位，虽然他还没成年，不能直接处理国事，但毕竟是国王了。因此他十分留意政治，学习治国韬略，并树立起统一中国的远大志向。

巩固王权

嬴政继位时，吕不韦任丞相。吕不韦一直想把持秦国统治大权，因此总是想方设法限制嬴政。

一次，吕不韦在都城咸阳门口挂出告示，说他写了一部名叫《吕氏春秋》的书，谁若能修改一字，赏金千两。其真实目的是显示自己了不起，完全具有掌管国家的才能。大家知道吕不韦的用意，因此赏金虽多，也不愿为钱掉脑袋。这正好中了吕不韦的下怀，他扬言说："我书中的思想是真理的反映，无人能修改，这很正常，希望国王也能按书上说的去做。"

为了进一步夺取权力，吕不韦还收买了一个叫嫪毐（lào'ǎi）的人，让他混进宫廷，并博得了嬴政母亲的欢心和赏识，封为长信侯。从此吕不韦、嫪毐狼狈为奸，共同把持朝政。

嬴政 22 岁时，按规定要离开都城到蕲（qí）年宫举行成人典礼，开始亲政。面对年轻有为的君王，吕不韦心里很是不安。他知道嬴政决不会甘心作傀儡，于是暗中指使嫪毐调集军队，向嬴政留宿的蕲年宫进攻，企图一举除掉嬴政。嬴政得知消息后，沉着冷静地指挥保卫部队，很快便把叛军镇压了下去。嫪毐及其他叛军头领被处决，4000 多党羽被流放边地。

　　吕不韦没想到，年纪轻轻的嬴政竟然轻易地稳住了局面，不免有些害怕。嬴政返回王宫时，他只好称病，不敢出迎。

　　嬴政对吕不韦的所作所为早已心中有数，不过表面上像没事儿一样，亲自到吕不韦宅邸（dǐ）去探视，好言劝慰他安心养病。但暗中并没有放松对吕不韦罪行的调查。事情很快查明，嫪毐谋反确为吕不韦指使。于是下令免去吕不韦的相职，把他赶出都城。吕不韦见大势已去，便服毒自杀了。他死后，嬴政下了一道命令："谁要像吕不韦、嫪毐那样图谋不轨，一定诛灭家族，严惩不贷。"这样，年轻有为的嬴政扫清了前进路上的障碍，更加坚定地向统一中国的目标迈进。

统一中国

　　自从吕不韦、嫪毐谋反被平定后，秦国上下都在为国家的强大忙碌着。嬴政也一直在琢磨如何增强国力，为统一大业积蓄力量。

　　这时，一位名叫郑国的韩国水利专家奉韩王之命来到秦国，帮助秦国搞水利。嬴政征调 20 万民工交由郑国指挥，让他主持修建水渠，引泾（jīng）、洛之水灌溉渭北盐碱地。

　　正当郑国率众积极修渠的时候，丞相昌平君探得消息，原来郑国是韩国的间谍，帮助搞水利，是想消耗秦国国力，使秦国无力吞并六国。昌平君还草拟了一份《逐客令》，呈交嬴政，建议把在秦的其他六国宾客统统驱逐出境，免得他们在秦国捣乱。

当时还是长史的李斯却有不同的意见，他写了一个奏折给嬴政，指出："泰山不排斥一抔（póu）土，它才会崇高；大海不排斥一滴水，它才会深广。要统一天下，怎能把为统一天下事业效劳的人排斥在外呢？这不等于把军队借给六国，把粮草送给敌人吗？"嬴政觉得李斯的意见有道理，便禁止逐客，继续留用郑国修渠，还提升李斯为客卿。李斯这篇奏折就是流传至今的《谏逐客疏》。

为了加快统一六国的步伐，嬴政积极听取各方意见，及时采纳实施。来自魏国的一个叫缭（liáo）的人，精通兵法，在战略战术上很有见地。嬴政对他很尊重，奉为上宾。缭建议在六国广泛开展活动，然后各个击破，以达到统一天下的目的。嬴政非常欣赏他的才干，把他留在身边，一遇到问题就向他请教，甚至一会儿都离不开。

后来嬴政又启用来自韩国的韩非。韩非认为嬴政应用强硬手段，将国内那些阻碍统一大业的蛀虫挖出来消灭掉，决不能心慈手软。还进一步指出："全国应建立起一个上行下效，地方服从中央，步调一致，国君统一指挥的体制，使秦国成为铁板一块，战无不胜，攻无不克，以击败六国，统一天下。"嬴政听了，非常高兴。对他佩服极了，把他看成是高人，并把他的想法付之于行动。

嬴政积极采纳众人意见，及时纠正治国方略中的错误之处，秦国国力为之大增。无论在政治上、军事上，还是在经济上，秦国都比其他六国占有优势。嬴政凭此实力，从灭韩开始，到灭齐为止，经过十年兼并战争，完成了统一中国的大业。无论嬴政有多少过错，但在统一中国这一点上却是功不可没的。

变革旧制

嬴政统一中国后，便着手变革旧制，以适应统一国家的要求。

首先变更国王的称号。他对臣下说："现在国王的称号，需要改一改，否则无法与我们建立起来的伟大功业相匹配，你们商量一下，看看用什么样的称号才更符合实际。"大臣们认为："古代有天皇、地皇和泰皇，其中泰皇最尊贵。当今国王的称号应改称泰皇。"嬴政说："去掉泰字，留用皇字，再采用上古帝王的名号，叫作皇帝。今后我就叫始皇帝，子孙继承皇位的，就用数目计算，从二世、三世直到万世，以至无穷。"从此嬴政开始称始皇帝，后人都叫他秦始皇。

大臣们又说："为了尊崇皇帝的威严，皇帝下达的指令称'制'，皇帝派人做事称'诏'（zhào），皇帝自称'朕'（zhèn）。"秦始皇采纳了这个建议。

秦始皇又根据金、木、水、火、土五行相生相克的说法，断定秦朝为水德，水德尚黑，因此衣服、旗帜等均以黑色为贵，数目以六为标准。

有人建议说："原来的诸侯制刚刚废除，像燕、齐、楚等偏远地方，如不在那里设置诸侯王，就不好管理。"而秦始皇则认为："百姓困苦，战争不断，就是因为有诸侯王的存在，现在国家刚刚统一，如再分封诸侯，无疑是为自己树立敌人。"秦始皇还进一步指出："只有把原来的诸侯国变为郡和县，才能无战争之忧，人们才能安居乐业，太平世道才能代代相传。"

于是他下令把天下分成 36 郡，郡下设县。各级官吏由皇帝统一任命。同时制定法律制度，统一长度、重量、容量等度量衡的标准，以及车轨大小与道路的宽窄。废除各国不同的文字，统一采用小篆。统一度量衡,是为了便于官方对征收粮食、物品及土木工程等的计算和测量,统一文字是为了便于官方的行文。

秦始皇还大力修建道路,主要是陆路,也有水路。在陆路方面,以咸阳为中心,修筑了两条可供车马快行的"驰道",路面宽阔,两旁种有树木,修筑得很讲究。另外,还修有"新道""五尺道"和"直道"等。在水路方面,开凿了灵渠,沟通了漓、湘两江,成为长江与珠江流域的通道。

战国时,北方有一个强大的游牧民族,叫匈奴。与之接壤的秦、赵、燕三国同匈奴常有战争发生,因而这三个国家各修了一条长城,以防范匈奴骑兵的南犯。统一中国后,秦始皇为防范匈奴,把三国的长城连接起来,使之成为规模更大的长城。

重修的长城虽仍未能从根本上阻挡住匈奴的南犯,但长城本身却成了古代劳动人民智慧的象征。

勤于政事

秦始皇是一位勤于政事的皇帝,事无巨细都亲手处理。每天一定要批阅120斤重的竹木简奏章,批阅不完就不睡觉。

为了使百姓都能过上安乐的日子,他积极发展农业生产,命令各级政府要把农业当成大事来抓。要限制商业,勿使劳力流失。甚至连播种、收割等具体细节他都亲自过问。为了使农业生产能够真正得到重视,他还积极倡导百姓要以务农为立家之本,要靠农业劳动来提高自己的生活水平,每家户主都要带领全家致力于农业劳动。

秦始皇还十分注意法制建设。他认为,法是治理好国家的有效办法。用法约束百姓,天下才能太平。他组织人力,修订《秦律》,任用酷吏为执法者。规定学法者要以政府官吏为老师。让读书人率先学法,然后广为宣传，做守法执法的榜样。

　　为统一思想，秦始皇采取了带有血腥味的"坑儒"做法，把那些有不同政见的读书人活埋在咸阳城郊，并大肆宣扬，以警他人。秦始皇还下令把所有不利于朝廷的书籍烧掉，史称"焚书"。这两件事虽然对巩固统治起了一定的积极作用，但从历史的角度看，它钳制了思想，摧残了文化。

　　为治理好国家，秦始皇五次巡行全国各地，深入基层，了解情况，督促地方落实朝廷的政策，遇到问题及时解决。不幸的是秦始皇在最后一次的巡行中，终因积劳成疾，病死在沙丘（今河北省平乡县东北）。秦始皇死后一年，爆发了陈胜、吴广领导的农民大起义，各地农民纷纷响应。后来陈胜、吴广起义虽然失败了，但是由项羽和刘邦领导的起义军继续进行反秦斗争，终于推翻了中国历史上第一个统一的封建王朝——秦朝。

　　秦始皇是统一中国的第一人，他的历史功绩是伟大的，他在我国历史上所起的进步作用是应该给予充分肯定的。

勤勉为政的萧何

刘邦借农民起义军的力量，推翻了秦朝，打败了西楚霸王项羽，建立了西汉王朝。他之所以能做出这一系列的惊人伟绩，是与一位丞相竭力辅助分不开的，这位丞相就是萧何。

秦朝末年，萧何在沛县（今属江苏）当小官，以通晓法律，善于处理政务而闻名。有位御史很欣赏他的才干，向朝廷推荐，但萧何却认为朝廷暴虐无道，到这样的朝廷里做官，还不如不做的好，便坚决推辞了。

目光远大

萧何是位目光远大的人，事事都能远看一步。他相信一定会有人率众起义推翻秦朝暴政的。而这人又能是谁呢？他看出同乡刘邦颇具条件，一定会成大事的。因此，在刘邦还是一个平民的时候，萧何就处处照顾他，给予其种种便利。刘邦到咸阳服劳役时，大家都送刘邦 300 钱作路费，唯独萧何送 500 钱，刘邦感激万分。后来，刘邦果然起兵反秦，萧何便马上加入了他的队伍，负责监督之事。

攻下咸阳时，将领们争先恐后跑到皇宫抢夺财物。只有萧何不为钱财所动，只是将皇宫里的各种档案材料收集起来。当时刘邦对他的做法也不太理解，认为萧何尽弄些无用的废物。

萧何解释说："这可是比金子还珍贵的宝物呀！沛公您现在打天下，

只知士兵、武器、粮草的重要。一旦取得天下，您就得靠这些宝物来治理国家了。如果它们散失了，就没了治国安民的依据，那治理国家可就困难多了。"

"你说的有道理，这些文件确实有用处，但当务之急是求生存，图发展，现在用许多人力保护这十几大车的文件，是一个很大的负担。如果有一天我们真的拥有天下了，还不是我们自己说了算，那时即使没有这些东西作依据，谁敢对我们说个不字。"刘邦说道。

"沛公呀，我们可是要成大事的人，眼光要放远一点，不能只顾眼前这点小利，放弃长远的大利。我们今后治理国家要依据规章制度，不能依据我们的主观意志办事。不然的话，我们必然会走秦朝的老路呀。"萧何又进一步解释道。

听了萧何的解释，刘邦更加佩服他了，觉得有他这样的人才，何愁得不到天下。

萧何对自己孩子的要求也非常严格。他不积蓄财物或置什么产业留给孩子。萧何认为孩子如果有出息，就不需要留什么财产。如果没有出息，即使留下丰厚的财产，也会被他们挥霍尽的。萧何还不让孩子留在身边，派他们到艰苦的前线去打仗，让他们在战斗中得到磨炼，培养他们独立的人格。

留守关中

刘邦称汉王后，任萧何为丞相。在与项羽作战时，萧何留守关中基地，任务是做好后勤保障工作。

当时土地荒芜严重，粮食极缺。为了保障有充足的粮食供应前线，萧何对不同地区的百姓采取了不同的政策。对边远地区，采取威慑的办法,让他们知道汉军的威力。同时张贴布告,晓喻百姓:未来的天下必是汉王的天下,支持汉军就是支持未来的朝廷。对开化的关中地区,则统计户籍、人数,按户籍征缴粮食,劝喻农户努力耕作,以大局为重,把粮食交给政府,对藏匿粮食者给予一定的处罚。

由于方法得当,没有激起民愤,粮食也源源不断地征集上来。萧何又组织运输船队,及时把粮食运送到前线。

前线作战的军队减员十分严重。萧何积极组织留守人员,到各地征兵,将征来的人组编成队,进行短期训练,然后送到前线去。萧何把自己的亲属也送到前线,为大家做出了表率,使参军参战的人数越来越多。

萧何身为丞相,坐镇关中基地,除征粮征兵外,还注意搞好基地的自身建设。他一方面服侍好太子,教授太子应具备的知识;一方面制定法令约束官吏与百姓,使他们勤于政事,避免犯科作乱。还建立宗庙,使百姓的心有所归属,不至于散漫波动。这些,对稳定民心、建立汉王朝起了积极的作用。

善于荐人

萧何善于发现和推荐人才。他任相期间发现和推荐了许多人才。刘邦手下著名大将韩信,就是他发现推荐的。

韩信先前是一个管理粮食的小官,萧何在调查粮情时发现了他。当时,韩信把自己管理的粮食情况,一点不差地讲给萧何听,所记账目有条有理,收入、支出、盈余等记得清清楚楚。萧何很高兴,和他长谈起来。两人从各自的出身一直谈到天下形势,韩信讲得头头是道。萧何看出他是个将才,便推荐给刘邦,希望委以重任。

刘邦认为韩信出身低微,不想重用。便对萧何说:"韩信这人只是个管粮食的,平时也没听说他对打仗有什么研究。粮食好管,仗难打。我看还是算了吧。"

"韩信是个有勇有谋的将才,让他管粮食,那是我们的错。千军易得,一将难求,不能再让他当粮官了。"萧何说道。

"那就将他的职务提一提吧。"见萧何坚持,刘邦退了一步,还是不想让韩信掌管军权。"我看让他当大将是不行的,他当了大将,大家不会服气。"

"像韩信这样的人才,我们都不能重用,还谈什么打天下。"萧何听刘邦这么一说不免有些着急。

"既然你觉得韩信这么有才华,那你先让他安心干一段时间。"碍于萧何的面子,刘邦只好搪塞地说,"有机会我一定重用他。"

"像韩信这样的人才实在难得,我们早一天重用他,就早一天得利。时间久了对我们的事业来说,可是巨大的损失呀。"

"丞相的话在理,不过此事重大,容我再考虑考虑,办得太急了反而不好,过段时间我们再决定。"

韩信见刘邦这个态度,觉得留下来也没什么意思,当晚便不辞而别。萧何听说韩信走了,急出一身冷汗,骑马便追,在百里之外把韩信追了回来,这便是有名的"萧何月下追韩信"的故事。刘邦见萧何如此诚心力荐,便任命韩信为大将军。韩信拜大将军后,转战沙场,指挥了大大小小百余次战役,果然帮助刘邦夺取了天下。

为政有度

萧何为政恭敬谨慎,办事小心有度。每做一事都要先请示皇帝,得到允许后,才去做。即使来不及请示,事后也要及时报告皇帝。

萧何也不是唯唯诺诺，什么事都要看皇帝脸色行事的，遇上该争的问题也会据理力争的。长安附近土地狭窄，能耕种的很少，百姓希望开放皇帝游乐用的上林苑，作为耕地使用。萧何接到请求后，很是为难。一方面百姓确实得有土地种庄稼，另一方面皇帝也需要一个休息游乐的地方。萧何再三权衡利弊，认为皇帝游乐事小，百姓种地事大。于是断然下令开放上林苑，让百姓进去种地。皇帝知道后十分生气，指责萧何目中无人，并将萧何抓进了监狱，后来在其他大臣的劝说下才放了他。

汉朝建立后，萧何在协助刘邦平定内乱的同时，还积极制定法律制度。萧何知道百姓对苛法的憎恨，汉朝建立之前曾协助刘邦宣布"除秦苛法""约法三章"。但那是一时的权宜之计。汉朝建立后，这些简单的规定，已经远远不能适应统一国家的实际需要了。于是萧何根据刘邦的旨意，制定了系统的法律条文，共为九章，这就是有名的《汉律》。《汉律》的制定为维护汉朝统治秩序提供了保障。

功劳第一

汉朝建立后，刘邦开始论功行赏。刘邦觉得萧何功劳最大，应当封侯。大臣们不服气，认为大家出生入死地在前线打仗，攻下过无数城池，立下过赫赫战功。而萧何连前线的边都没沾着，无非是弄弄笔杆子，发发议论而已，现在皇帝却要封侯给他，让他高高在上，这不公平。

刘邦说道："你们跟我打天下，大都只身一人，最多不过两三口人。可萧何呢？他让家族几十人跟我去打天下，几十条命啊，你们舍得吗？所以，这功劳，你们能比吗？"由于刘邦的坚持，封赏的事儿终于定了下来。

封赏后，又评位次。大臣们想，方才萧何封赏最高，现在评位次，就不能评他了。便都说曹参功劳最大,应该评第一。

这时关内侯鄂君站了出来,发表了自己的看法:"我不敢同意大家的意见,曹参确实功劳很大。但是,陛下与项羽军队打了几年的仗,军队伤亡惨重。是谁补充了陛下的军队,还不是萧何;几次陛下在危难关头,是萧何派来的救兵,使陛下死里逃生;好几年军中缺粮,又是萧何将粮食源源不断地送到前线;陛下数次失去大片地盘,但萧何却一直固守关中,使陛下有稳固的后方。这是万世不朽的功勋。依我看还是萧何第一,曹参第二。"

刘邦一听十分高兴,说道:"鄂君说得好,就这么定了。"刘邦另外还给萧何以特殊的待遇,准许他可以带剑穿鞋上殿,这在所有的大臣中,是独一无二的。

萧何是一位了不起的政治家,他实行的治国办法,在曹参继任后,仍然沿用,无所更改,以至于出现了"萧规曹随"的说法。汉朝之所以能一步步地走向强盛,可以说是和萧何建立的基业分不开的。

与民休息的汉文帝

吕后去世后,西汉朝廷连续出现了两位开明的皇帝,他们宽政缓刑,发展生产,为汉朝进入全盛时期创造了条件,成为中国历史上皇帝中的佼佼者,他们的统治时期,被史学家称为"文景之治"。其中"文"指的就是汉文帝。

汉文帝名叫刘恒,是汉高祖刘邦的儿子。刘邦死后,吕后专权,太尉周勃和丞相陈平等人联合起来,消灭了吕氏家族,迎他登上了皇帝的宝座。

轻徭薄赋

西汉至文帝即位时,社会经济有所恢复和发展,但并没有根本好转。

汉文帝面对国家的实际情况,采纳了大臣贾谊、晁错等人的建议,推行轻徭薄赋、发展生产的政策。通令各级政府官员,要把精力放在鼓励农业生产上面。并指出农业是天下的根本,只有粮食充足了,天下才会太平。他还抽空到由皇帝亲自耕种的土地——籍田上种地,做天下重农的表率。随后又下诏,把田租减到原来的一半。

10年后,汉文帝接受晁错的建议,再次发出了发展农业生产的号令,规定谁能向国家缴纳一定数量的粮食,政府就赐给谁相应的爵位,还可以用粮食赎罪。这样,粮食因需要而涨价,农民可因粮价的提高而增加收入,政府也会因此得到更多的粮食,还可以少收田租。

汉文帝为减轻百姓的负担,还将汉初设立的人口税,降低了三分之二,从而增加了人口数量,缓解了因战乱而造成的劳力不足。

汉初设立的百姓无偿向政府提供劳力的徭役制,给百姓带来了沉重负担,几乎每家都得将棒劳力提供给政府使用,从而使从事农业生产的人数以及百姓的收入都大大降低了,甚至撂(liào)荒了耕地。为了解决这一问题,汉文帝下令减免徭役,还劳力于民。同时又紧缩政府开支,尽量不进行大规模的工程建筑。

汉文帝采取的这些措施,对恢复和发展社会经济、减轻百姓负担起了积极的作用。同时,为维护国家安定与统一奠定了基础。

减缓刑罚

西汉建立后,制定了《汉律九章》,但比较苛刻。汉文帝即位后,立即着手减轻刑罚的工作。

他废止了残酷的肉刑,执法人员想不通,他们认为:"要想天下太平,就得加强法的威力,使百姓人人惧法。肉刑是树立法威的最有效办法。如果有人犯法,就对他施刑,毁坏他的肢体,使其永远记住法是触犯不得的。因此,肉刑是废不得的。"汉文帝对执法人员说:"犯了法而被处罚,这是对的。受了罚,可以使犯人从中吸取教训,以利于犯人重新做人。可是现在惩罚犯人,只是毁坏他们的肢体,而不考虑他们的心理感受,这是不对的。由于犯人身体受到损害,使他们永远无法抬头见人,心里总有低人一等的感觉,从而使他们丧失了改过自新的勇气,甚至破罐子破摔。这样做有什么好处呢?"执法人员听了汉文帝的这一番话后,觉得他说得很对,便重新制定了法律条文,取消肉刑,代之以其他刑罚。

汉文帝还废除了一人犯罪牵连亲属的连坐法。掌管刑法的大臣认为一向用连坐法来威胁百姓,不愿废除连坐法。他们说:"老百姓不用严刑是管不住的。一人犯法,亲属一并治罪,他们才肯重视法制。全家人互相监督,就不敢轻易犯法了。况且自古以来就是这样,改了怕管不住百姓,还是不改为好。"

汉文帝则说:"治理天下,不能没有法制。但法制应该公平才对,一人犯了法,定他一人的罪就可以了。犯人的亲属本来没有犯法,也一并逮捕治罪,我认为这样做是不对的。"

"皇上说得对,但刁滑的百姓对皇上仁慈的心是不会买账的。你不把他们束缚住,他们就会无所顾忌,什么事情都敢干。只有以亲属为单位,把他们连在一起,才能束缚他们的手脚,使之不敢轻举妄动。"大臣们仍不服气。

汉文帝见此,又解释道:"我听说,只要法制公正,百姓就能信服;只有刑罚适当,百姓才愿遵守。官吏管理百姓,应该引导他们遵守法纪,做一个善良的人。如果官吏不能引导百姓,又用不公平的刑法处罚他们,他们当然不服。我看这样做不好。"

大臣们见汉文帝执意要废除连坐法,也就不再坚持了。于是规定一人犯罪一人当,亲属不再受牵连。实际上,在封建社会里,始终实行连坐法,汉文帝也没能将之真正废除。不过在 2000 年以前,他能认识到连坐法是不公正的,这已经是很难得的了。

虚心纳谏

汉文帝能够虚心纳谏。他即位不久,就号召臣下进谏言事。他说:"国家好坏,在我一人。你们都是我的心腹,你们一旦发现我有过失,或者我考虑不周的地方,就要马上告诉我。"当时有许多大臣,积极上书言国事,谈得失,有的甚至犯颜直谏,汉文帝大都能虚心接受。

晁错给汉文帝上书时，曾引用古人的话说："疯癫人的话也有有道理的地方，明君是会从中找出来，并加以利用的。"他的意思是说，他的意见就像疯癫的话一样，其中也有些道理，希望汉文帝能够择优采纳。而汉文帝却说："现在可不是这样啊，谈建议的不疯，而当政的却不明，国家最大的忧患就在于这一点啊。"可见汉文帝真是一位明君，不同于一般自以为是的君主。

当然，汉文帝能虚心纳谏，臣下也就敢大胆讲话了。

有一次汉文帝对大臣冯唐慨叹道：

"我也算是个明君了，我有许多好的想法想要去实现，可就是缺少像样的人手，我多么希望有像战国时廉颇那样的大将呀。"

"有作为的大将代代都有，只要皇上真心需要就会出现的。"冯唐说。

"代代都有？我怎么没发现？如果真的有，还用我为此日夜思虑吗？大将倒是不少，真正有作为的却不多，满朝都是些庸人。"

"请皇上恕我直言，我看就是皇上遇到了像廉颇那样的大将，也不会很好地使用。皇上现在应该考虑的是怎样用人，而不是怎样去寻人。"

"照你说的，难道我还是个昏君不成？"汉文帝听他这么一说，不免生气，甩下一句话就回到了后宫。

汉文帝回去后，越想越觉得冯唐说的话有道理，便让人把冯唐叫来。对他说道：

"你的话，说得也太叫人不好接受了，当然我是不会在意的。你说我不会用人，可有所指？"

冯唐道："请皇上原谅，我说的话是太直了点，我今后一定注意。皇上问我是否有所指，我只好实话实说了。大将魏尚在反击匈奴入侵时，立了很大的功劳，只不过是在报战绩时，稍有出入。皇上因此就把他抓进了监狱，这事做得有点过火，所以我才说了皇上不会用人的话。"

"你说得太对了，太对了。"汉文帝马上醒悟过来，"我身为一国之主，高高在上，很多事儿都是根据下边汇报来做决定的，难免有些差错。今天要不是你提醒，这事儿还不知要等多久才能改正过来。是你擦亮了我的双眼，发现了人才。贤臣呀，贤臣！"

于是把魏尚放了出来，任他为云中郡太守。冯唐因进谏有功，被提升为车骑都尉。

汉文帝还废除了诽谤罪。先前统治者为了让百姓发表意见，设有诽谤木。百姓把意见书贴在诽谤木上，供统治者参考。而后来的统治者认为百姓议论朝政，是攻击皇帝，于是设立了诽谤罪，从此再也没人敢讲真话了。

汉文帝为了缓和矛盾，稳固统治，下诏说："先人设立诽谤木，是为了鼓励大家发表意见，可是现在朝廷实行诽谤罪，使得人人畏惧不敢吐露真情。我高高在上，听不到下面的反映，也就无法知道自己治国的真实情况。如果治理好了，天下太平，不说也就罢了；如果治理坏了，百姓遭受痛苦，却无人敢言，岂不是误了国家吗？到那时大家骂我是昏君事小，误国可就事大了。"于是宣布，从今以后废除诽谤罪。

汉文帝出巡时，只要有人上书言事，他就停下车来，认真接待。他说："百姓上书，能用的就采纳，一时不能用的，可先把它放起来。"汉文帝在位期间，从来没人因进言而被处分。

严于律己

皇帝是国家的最高统治者，纵情享受的多，严于律己的少，而汉文帝则属于少数严于律己的皇帝之一。

他刚即位，就有人给他送了一匹千里马，希望能解除他步行之苦。汉文帝说："我外出时，不是轿子就是车子，一天只走很少的路，要千里马有什么用？只有在用得着的人的手里，才能发挥千里马的作用，这就叫做物尽其用。"于是派人把千里马退了回去,并按里程付给了费用。

随后又下诏说:"我是不收礼的,希望不要再给我送礼。现在送礼成风,目的是为了获得更大的好处,满足自己的私欲。这种风气实在不好,从今往后,所有的朝廷官员都不要收受礼物,要廉洁奉公,律己利国。"

在古代,人们总是认为:"成绩的获得是因为有圣明的皇帝,办糟的事情是因为大臣的无能。"汉文帝则反对这种观点。他下诏说:"我听说有这样一句话,'灾祸是由怨恨引起的,好运是美德带来的。'因而臣下有错误应由皇帝负责。有了过错就推给臣下,这样做不好,从我开始,今后再也不能这样做了。"

汉文帝是西汉王朝的第三位皇帝。史学家司马迁曾评价说:"从汉朝建立,到汉文帝在位,40多年间,只有汉文帝在德政方面达到了最高点。"

年轻有为的贾谊

毛泽东在给他的秘书田家英的信中写道："《治安策》一文是西汉一代最好的政论，全文切中当时事理，有一种颇好的气氛，值得一看。"毛泽东如此看重的《治安策》是谁写的呢？他就是贾谊。

贾谊，河南郡洛阳（今河南洛阳市）人。是西汉前期杰出的政治家，在他短暂的一生里，为国家提出了许多有价值的建议，这在我国历史上是不多见的。

洛阳少年

贾谊从小就喜欢学习，各流派的书他都愿意看，看完后还能说出心得体会。他善写文章，特别是政论文章写得更是呱呱叫，看过的人都十分惊奇，纷纷竖起大拇指，夸他"了不起"。18岁时，便闻名乡里。就连乡里那些十分有水平的长者也很钦佩他的才华，认为他是一个有出息的后生，并给他冠以"洛阳少年"的美称。

河南郡的地方长官吴公，听说这个被称作"洛阳少年"的书生，是一位气宇非凡、才学出众的拔尖人才，就把他召到自己的门下，加以重用，并经常和他探讨问题，交换看法。吴公在政务方面多次得到贾谊的帮助，受益很多，政绩也渐渐显扬于朝廷。汉文帝听说吴公很能干，治郡有方，在全国堪称一流，便把他调到朝廷，让他担任国家司法工作的最高长官。

当了京官的吴公，并没有忘记自己得力的故吏。有一次皇帝同吴公闲谈，问道："当今天下，虽然太平已久，但仍然有许多问题需要解决，可我虽有治国之心，却无可用之人。我整天为没有可用之人发愁，你在地方任职多年，可发现有什么出色的人才？"吴公向皇帝推荐说："原来我手下有个叫贾谊的小伙子，精通历史，颇有头脑，看问题想事情，都很有见地，当年我在河南任职时，便得力于他。他是个年轻有为的人才，十分难得，如果皇上将他调到朝廷重用，那可是国家的幸事。"

根据吴公的保荐，皇帝把贾谊调到朝廷，让他当了博士官。从此，刚过 20 岁的贾谊便步入了政治舞台。

在所有博士官中，贾谊是年纪最轻的。一些老博士官，见贾谊年纪轻轻的，根本没把他放在眼里。但每当皇帝下令就某个问题商讨对策时，老博士官却讲不出什么来。贾谊却与众不同，他学识渊博，敢想敢说，对皇帝的咨询对答如流。那些老博士官没想到，这个毛头小伙子，竟比他们高明，说出了他们想说又说不出的话，使他们感到很惊奇，从此再也不敢小看贾谊了。皇帝对贾谊也更加看重，很快又提拔他为掌管议政的太中大夫。

力主重农

贾谊当上太中大夫，政治热情很高，多次提出建设性意见。

当时，战争创伤还未完全恢复，不光是百姓贫穷到极点，就是国库也空空如也。面对这种局面，贾谊对皇帝说：

"只有粮库里装满了粮食，百姓才能懂得礼节；只有丰衣足食，百姓才能知道羞耻。如果百姓连吃穿都顾不上，要想把他们管理好，那可是办不到的事情。"

"话是这么说，可做起来就困难多了。不过许多年以来，我们还是做了很多的事情，取得了很大的成绩，百姓居家过日子要比以前好了许多。"皇帝不以为然。

于是贾谊又进一步指出："汉朝建国已经 30 多年了，朝廷虽然做了许多的事情，但离治理好国家的标准还差得很远，现在不管是国家还是百姓，都穷得叫人心痛。眼前国家虽然没有什么动乱，可一旦发生灾荒，拿什么救灾？一旦发生战争，拿什么武装军队？如果天灾和战乱同时袭来，社会秩序就会大乱，有人就要乘机起事，到那时再设法挽救，还来得及吗？"

皇帝听贾谊这么一说，也觉得事情很严重，便急忙问贾谊救治的办法。贾谊说："要想救治当前的危机，首先要发展农业。我们现在从事农业生产的人太少了，消费农产品的人却太多了。应该把那些不务正业的人，固定到土地上去，让他们从事农业生产。另外，还要注意勤俭节约，倡导廉政，减轻农民负担，树立艰苦朴素的风气，改变以往那种奢侈浪费的坏毛病。"贾谊又指出："粮食是国家的命根子。粮食多了，国家富了，百姓就会安居乐业，什么事情也都好办。攻能取，守能固，战能胜。这就是以富安天下的道理。"

皇帝听了贾谊的这一番话，很有感触，连续两次下诏，命令各级政府采取积极有效措施发展农业生产。后来又制定了一些发展农业生产的法律制度，认真执行。从此，国家粮仓里的粮食逐渐多了起来，老百姓的米袋子也鼓了起来，国家真的一步一步地走上了富强之路。

被贬长沙

皇帝认为贾谊是了不起的人才，想提拔他。不曾想遭到一些元老的反对，他们认为贾谊年纪轻、资历浅，不能委以重任。还有一些人嫉妒贾谊，纷纷说贾谊的坏话。他们对皇帝说："贾谊是个想抓权往上爬的小人，如果让他掌握实权，肯定会搞乱国家的。"皇帝见大家都反对，也就不再坚持了。

贾谊不但没担任重任,反而连在朝廷的立足之地也没有了。结果被贬到距京城数千里之遥的长沙,做了长沙王的老师。

由于皇帝一直想念贾谊,几年后又把他从长沙调了回来,并亲自接见了他,向他询问了许多问题。贾谊回答得头头是道,皇帝越听越爱听,连连挪动座位,凑到贾谊的跟前,一直谈到深夜。事后皇帝感慨万分地说:"我这么长时间没见到贾谊,以为自己的学问赶上了他,现在听了他的话,方知自己还是没有赶上啊。"

这次回到京城,朝廷的人事已发生了变化,反对他的人大多不在了,但皇帝鉴于上次的教训,没有对他委以重任,只是让他到自己最喜爱的小儿子那里去当老师,虽然这谈不上是升迁,但也算是对他的重视了。好在对贾谊来说,他所关心的不是自己职务的升降,而是国家的前途和治国的方略。

《治安策》

贾谊一回京城,就接二连三地向皇帝上书,提醒皇帝要居安思危。在他众多的上书中,《治安策》是最为有名的一篇。它是谈国家大事的,人们又称之为《陈政事疏》。

贾谊在《治安策》的一开头,就大声疾呼:"天下大势,可为痛哭的事情太多了,难以一一列举。那些认为天下已经治理好的人,不是无知,就是阿谀奉承。"他形象地说:"把火放在柴堆下,自己睡在柴堆上,火没有燃烧起来,就认为是平安无事了。现在的形势,和这没什么两样。"

贾谊指出危害国家安定的首要因素,是诸侯势力的存在。这些地方势力不仅使朝廷的政策难以贯彻,还威胁着朝廷的安全,阻碍国家的真正统一。他指出:"现在诸侯王势力强大,好比是大骨头,朝廷如果不用法制这把巨斧去砍,而想用仁义这把小刀去切,那么,小刀不是被碰缺口,就是被折断,还是无济于事。"他又说:"现在的形势就像一个人得了浮肿病，一条小腿肿得几乎同腰一样粗，一个指头肿得几乎和小腿一样粗，只能平放而不能伸屈。如果现在不及时治疗，一定会成为不治之症的。"

那么，切实可行的办法是什么呢？贾谊根据诸侯强大容易反叛的历史教训，提出建议："诸侯王死后，把其封地割成几块，分给他的儿子们。这样，一方面可以让诸侯王的子孙放心，他们可按制度受到分封，而不怨恨朝廷。另一方面，封地被一代一代地分割下去，诸侯王的力量也就越来越小了。这样做的结果，就能使国内的形势像身体支配手臂，手臂支配手指那样顺从，国家也就得到治理了。"

皇帝采纳了他的建议，逐渐削弱了诸侯王的势力。

后来贾谊给皇帝的儿子梁王做老师，没想到梁王不慎坠马而死。贾谊自以为没有尽到责任，常常哭泣，过了一年多，便抑郁而死，年仅33岁。

贾谊的参政时间不长，但他的政治活动，对西汉政权的巩固、社会的稳步发展，却起了积极的作用。因此司马迁写《史记》、班固写《汉书》时都为他立了传。

勇于作为的汉武帝

西汉中期有一位著名的皇帝,他一反汉初无为而治的政策,大胆施行一系列新举措,振兴朝政。中国在他的统治时期发展成为一流的强大国家。他就是汉武帝。

汉武帝是汉景帝的儿子,名叫刘彻,16岁登基做皇帝。他决心在先帝开辟的道路上大踏步前进,施展雄才大略,干出一番事业来,以图青史留名。

独尊儒术

汉武帝是一位有作为的皇帝,很有一套治国办法。即位不久,就下了一道命令,让各级官员向朝廷推荐人才,然后通过考试,选拔任用。

全国各地很快选送了100多位人才。以品德见长的叫作"贤良",以文辞见长的叫作"文学"。汉武帝亲自考试。其中有一位叫董仲舒的儒生,文章写得很好,汉武帝召他面谈,很是投机。

汉武帝问他道:"现在国家昌盛,国势蒸蒸日上,但是有一些隐患,我苦苦思索,没想出好办法,不知你有何高见?"

董仲舒说:"国家若要长治久安,就必须推行儒家学说,使大家都知道礼让、孝顺、忠君。人们的思想应以儒家学说来统一。"

"那么为什么要用儒家学说,而不用其他学说呢?"汉武帝问道。

董仲舒答道:"儒家主张仁爱、礼让、文治等,而这正是治民理国之本。治民理国只能用一家主张，不可兼用众说。否则，思想散乱不一，政权难以巩固，国家不能真正统一。"

"既然如此，当务之急是什么？"汉武帝急切地问。

"独尊儒术，罢黜(chù)百家。"董仲舒坚定地说。

汉武帝采纳了董仲舒的建议，推行儒家学说。从此儒家学说在国家政治生活中占了统治地位，持续2000多年。儒家学说在维护社会安定，国家统一方面有一定的积极意义。

重视教育

汉武帝有文化修养，从小接受过良好的教育。他当上皇帝以后，把以儒家学说为主的文化建设，作为他"文治"的主要内容。按照他的命令，国家设置专门研究《诗》《书》《礼》《易》《春秋》五种儒家经典的博士官，博士官的任务是给皇帝当经学顾问和教授弟子。

汉武帝还命令在京城建立大学，当时称为"太学"。学生由各级政府官员选拔推荐，品貌端正、有学问的青年人可入太学学习。经过学习，能通晓一种儒家经典以上的，可在政府任职。

设博士官收授弟子和建立太学，培养官员，在历史上有很重要的意义。从此以后，太学逐渐扩大，五经博士官逐渐增多。博士官及其弟子成为汉代知识分子的重要组成部分。不仅京城有太学，地方的郡国也设有传授五经的人员，收取弟子，教授门徒。

要读书就得有书，汉武帝非常重视书籍收集与整理。秦始皇焚书，使古代流传下来的书籍损失极大。汉朝初年曾下令广开献书之路，但直到汉武帝时，收到的书籍还是不多，而且，不是缺文少字，就是竹简脱漏。

有一次，汉武帝在皇家藏书处，看到那些费了很大劲才收集起来的零乱竹简，长叹道："我真是痛心呀，这么多的好书，被毁坏掉了，多可惜呀。治理天下，得借鉴历史上的经验教训。无书可读，便不会知道过去，更不会预见未来。"他下令要把秦火焚余的古籍，尽可能地收集起来。在皇宫内增建藏书楼，保管、整理收集来的书籍。

国家收集的书籍一天天多起来，每收来一本好书，汉武帝都十分高兴。在保存、整理和流传古籍方面，汉武帝十分有远见，做出了很大的贡献。此后，汉朝历代皇帝都继承了他的工作，继续收集整理书籍。

汉武帝发展和繁荣了文化事业，在我国古代文化史上占有很重要的地位。

行"推恩令"

雄心勃勃的汉武帝，为加强以皇权为标志的中央集权制，实行了"推恩令"。

汉朝初建时，为犒赏功臣和巩固新政权，不得已，将大面积国土划分出去，分封给功臣、贵族以及皇亲国戚，作为他们可以完全说了算的领地，但对于朝廷来说，这些领地则是一种独立性较强的附属诸侯国。这些属国，随着势力的膨胀，越来越不听朝廷的指挥，有的甚至起兵造反。

汉武帝早已发现这是一个必须解决的问题，如果不解决这个问题，那么留下的隐患实在是太大了。于是他规定诸侯王们要把土地分封给自己所有的子弟，此法叫作"推恩"。按惯例只有嫡长子有权承袭封地，而推恩令一下，就使得所有子弟都可以分到封地，所以他们很高兴。

推恩令的实行分解了诸侯国原有的地盘，使其日益削弱。几代后，诸侯国的问题就可以解决了。

可是如果从推恩令开始实行，到诸侯王最后自行消亡，无论如何都要经过几代人的时间。汉武帝觉得这样时间太长，他要在短时间内解决问题。于是他利用"酎（zhòu）金事件"，加快了削弱诸侯王势力的步伐。

按照汉朝制度，皇帝每年8月要到供奉祖先的庙里去进行祭祀，这叫做"饮酎"。"酎"是一种美酒。饮酎时,所有参加祭祀的诸侯王,都要奉献助祭的黄金,称为"酎金"。酎金要有一定的成色、数量以封地上的百姓人口数来计算,人口越多,酎金量越大。这对诸侯王来说,是很大的负担,所以他们经常以少充多,以次充好。这种事朝廷以前很少过问,可是这一次汉武帝早就做了按标准检查的准备,一些诸侯王又按以前短斤少两来对付,立即被验收官抓住。古人十分讲究孝道,对祖宗祭祀不诚,是最大的不孝。汉武帝以真凭实据,揭了那些弄虚作假的诸侯王们的底儿,并宣布夺去作弊的106位王侯的爵位。从此,历史上长期遗留下来的国中有国的局面,基本解决了。虽然分封制还未绝迹,但已成了一种形式。

盐铁专卖

汉武帝执政期间,还做了抗击匈奴、开拓边疆等流芳千古的大事。但国家也为此耗费了大量的财物,以至于财政出现了入不敷出的局面。

为解决财政困难,汉武帝日思夜想,反复和大臣商议,想找条出路。经过一段时间的商议,终于想出了办法,制定出了一系列增加财政收入的政策。盐铁专卖便是其中重要的一项。

盐和铁是古代社会生产和生活的必需品。人不食用足够数量的盐,就没力量从事生产劳动。而铁除了制造武器外,还主要用于制造农具,对农业生产发展有着重要作用。掌握了盐、铁的生产和买卖,也就在很大程度上控制了社会生产发展和财政经济的收入。谁掌握了盐、铁的生产与买卖,谁就可以获大利,致大富。

因此,汉武帝自然要把注意力集中到盐、铁上,决心把盐、铁之利从大商人手中夺回来,掌握在国家的手里,由国家专卖。为此,汉武帝规定:煮盐、冶铁及其贩卖,全部收归政府,不许私人经营。盐民不准自己设置煮盐锅,盐锅由国家发给。私自煮盐者,不仅要没收设备,还要处以刑罚。盐民产盐自负盈亏，国家按官价收购，收购的盐，原则上就地出售，或由政府运销各地。铁的专卖，包括矿山开发、矿石冶炼和铁器铸造三个环节。凡是矿山所在的地方，均设铁官，统管各个环节。没有矿山的地方，设小铁官，掌管铁器的铸造和销售。

为了拉拢盐铁商人，防止他们捣乱破坏，汉武帝下令任用盐铁商人中的大户，充当各地盐铁官员。这样，既用其所长，又便于以法律约束，如果他们知法犯法，那就会自讨苦吃。

盐铁专卖有效地缓解了当时严重的财政危机，为朝廷的各种支出提供了经济保证。这对汉代社会经济的发展和多民族统一国家的巩固，起了十分重要的促进作用。

汉武帝是中国古代社会一位很有作为的皇帝。但是他不断对外用兵，晚年生活又奢侈，加重了百姓的负担。汉武帝深感自责，下诏罪己，表示对以往过失的忏悔。并下决心采取切实措施，使百姓有地可种，流民有家可归，使百姓从繁重的徭役和赋税中解脱一些。这对一个皇帝来说，也是很难得的了。

出使西域的张骞

张骞(约公元前164年—前114年),汉族,字子文,汉中郡城固(今陕西省城固县)人,中国汉代卓越的探险家、旅行家与外交家,对丝绸之路的开拓有重大的贡献。他开拓汉朝都城长安通往西域的南北通路,并从西域诸国引进了汗血马、葡萄、苜蓿、石榴、胡桃、胡麻等西域特产。

出使西域

汉武帝刘彻,是中国历史上一位具有雄才大略的帝王。即位时,年仅16岁。此时,汉王朝已建立60余年,历经汉初几代皇帝,奉行轻徭薄赋和"与民休息"的政策,特别是经过"文景之治",政治的统一和中央集权进一步加强,使社会经济得到恢复和发展,并进入了繁荣时代,国力已相当充沛。据史书记载,政府方面,是"鄙都庾廪尽满,而府库余财",甚至"京师之钱,累百巨万,贯朽而不可校;太仓之粟,陈陈相因,充溢露积于外,腐败不可食"。在民间,是"非遇水旱,则民人给家足",以至"众庶街巷有马,阡陌之间成群,乘字牝者摈而不得聚会,守闾阎者食粱肉"。汉武帝正是凭借这种雄厚的物力财力,及时地把反击匈奴的侵扰,从根本上解除来自北方威胁的历史任务,提上了日程。也正是这种历史条件,使一代英才俊杰,得以施展宏图,建功立业。

汉武帝即位不久,从来降的匈奴人口中得知,在敦煌、祁连山一带曾住着一个游牧民族大月氏,中国古书上称"禺氏"。秦汉之际,月氏的势力强大起来,攻占邻国乌孙的土地,同匈奴发生冲突。汉初,多次为匈奴冒顿单于所败,国势日衰。至老上单于时,被匈奴彻底征服。老上单于杀掉月氏国王,还把他的头颅割下来拿去做成酒器。月氏人经过这次国难以后,被迫西迁。在现今新疆西北伊犁一带,赶走原来的"塞人",重新建立了国家。但他们不忘故土,时刻准备对匈奴复仇,并很想有人相助,共击匈奴。汉武帝根据这一情况,决定联合大月氏,共同夹击匈奴。于是下令选拔人才,出使西域。

当汉武帝下达诏令后,满怀抱负的年轻的张骞,挺身应募,毅然挑起国家和民族的重任,勇敢地走上了征途。

武帝建元二年(前139年),张骞奉命率领一百多人,从陇西(今甘肃临洮)出发。此时,一个归顺的"胡人"堂邑氏的家奴甘父,自愿充当张骞的向导和翻译。他们西行进入河西走廊。这一地区自大月氏人西迁后,已完全为匈奴人所控制。正当张骞一行匆匆穿过河西走廊时,不幸碰上匈奴的骑兵队,他们全部被抓获。匈奴的右部诸王将立即把张骞等人押送到匈奴王庭(今内蒙古呼和浩特附近),见当时的军臣单于(老上单于之子)。

军臣单于得知张骞欲出使月氏后,对张骞说:"月氏在吾北,汉何以得往?使吾欲使越,汉肯听我乎?"这就是说,站在匈奴人的立场,无论如何也不容许汉使通过匈奴人的地区,去出使大月氏,就像汉朝不会让匈奴使者穿过汉区,到南方的越国去一样。张骞一行被扣留和软禁起来。

匈奴单于为软化、拉拢张骞,打消其出使月氏的念头,进行了种种威逼利诱,还给张骞娶了匈奴的女子为妻,生了孩子。但均未达到目的。他"不辱君命""持汉节不失",始终没有忘记汉武帝所交给自己的神圣使命,没有动摇为汉朝通使大月氏的意志和决心。张骞等人在匈奴一直留居了十年之久。

至元光六年(前129年),敌人的监视渐渐有所松弛。一天,张骞趁匈奴人不备,果断地离开妻儿,带领其随从,逃出了匈奴王庭。

这种逃亡是十分危险和艰难的。幸运的是,在匈奴的十年留居,使张骞等人详细了解了通往西域的道路,并学会了匈奴人的语言,他们穿上胡服,很难被匈奴人查获。因而较顺利地穿过了匈奴人的控制区。

但在留居匈奴期间,西域的形势已发生了变化。大月氏的敌国乌孙,在匈奴支持和唆使下,西攻大月氏。大月氏人被迫又从伊犁河流域,继续西迁,进入咸海附近的妫水地区,征服大夏,在新的土地上另建家园.张骞大概了解到这一情况。他们经车师后没有向西北伊犁河流域进发,而是折向西南,进入焉耆,再溯塔里木河西行,过库车、疏勒等地,翻越葱岭,直达大宛(今乌兹别克斯坦费尔干纳盆地)。路上经过了数十日的跋涉。

这是一次极为艰苦的行军。大戈壁滩上,飞沙走石,热浪滚滚;葱岭高如屋脊,冰雪皑皑,寒风刺骨。沿途人烟稀少,水源奇缺。加之匆匆出逃,物资准备又不足。张骞一行,风餐露宿,备尝艰辛。干粮吃尽了,就靠善射的甘父射杀禽兽聊以充饥。不少随从或因饥渴倒毙途中,或葬身黄沙、冰窟。

张骞到大宛后,向大宛国王说明了自己出使大月氏的使命和沿途种种遭遇,希望大宛能派人相送,并表示今后如能返回汉朝,一定奏明汉皇,送他很多财物,重重酬谢。大宛王早就听闻东方汉朝的富庶,很想与汉朝通使往来,但苦于匈奴的中梗阻碍,未能实现。汉使的意外到来,使他非常高兴。张骞的一席话,更使他动心。于是满口答应了张骞的要求,热情款待后,派了向导和译员,将张骞等人送到康居(今乌兹别克斯坦和塔吉克斯坦境内)。康居王又遣人将他们送至大月氏。

但是,大月氏的国情已发生很大变化。他们迁到妫水流域后,征服了邻国大夏(今阿富汗北部),决定在此安居乐业,不想再跟匈奴打仗。同时,月氏人还认为汉朝离自己太远,不能联合起来共击匈奴,因此张骞"断匈右臂"的目的没有达到。张骞在大夏等地考察了一年余,张骞在大夏时,看到邛山(今四川荥经西)的竹杖和蜀地的细布在市场上出售,很觉奇怪。一问商人,得知是从身毒(今印度)买来的。身毒在大夏东南数千里,那里的百姓骑象打仗,临近大海。大夏国远离汉朝一万余里,位于汉朝的西北方,而身毒国又位于大夏国东南几千里,竟有蜀地产物,可见离蜀地不远。他估计从蜀走身毒到大夏,必是快捷方式,又可免匈奴的阻击。他在归汉之后建议武帝打通西南夷道。武帝采纳了他的建议,命蜀郡、犍为郡派使者分别从駹(máng)、莋和邛、僰(bó)等四路并出,打开西南通道。但各路使者为昆明夷所阻,未能如愿。而经滇国、夜郎等使者在滇一带活动,取得成效,为武帝经略西南夷奠定了基础。

元朔元年(前128年),张骞等人动身返国。

归途中,为避开匈奴控制区,张骞改变了行军路线。计划通过青海羌人地区,以免匈奴人的阻留。于是重越葱岭后,他们不走来时沿塔里木盆地北部的"北道",而改行沿塔里木盆地南部,循昆仑山北麓的"南道"。从莎车,经于阗(今和田)、鄯善(今若羌),进入羌人地区。但出乎意料,羌人也已沦为匈奴的附庸,张骞等人再次被匈奴骑兵所俘,又扣留了一年多。

元朔三年(前126年)初,军臣单于死了,其弟左谷蠡王伊稚斜自立为单于,进攻军臣单于的太子于单。于单失败逃汉。张骞便趁匈奴内乱之机,带着自己的匈奴族妻子和甘父,逃回长安。这是张骞第一次出使西域。从武帝建元二年(前139年)出发,至元朔三年(前126年)归汉,共历13年。出发时是100多人,回来时仅剩下张骞和甘父二人。所付出的代价是何等高昂!

第二次出使

两年后,张骞复劝武帝联合乌孙(今伊犁河流域),武帝命张骞为中郎将,率300人,马600匹,牛羊金帛万数,浩浩荡荡第二次出使西域。此时匈奴势力已被逐出河西走廊,道路畅通。他到达乌孙后,请乌孙东返故地。乌孙王年老,不能作主,大臣都惧怕匈奴,又认为汉朝太远,不想移徙。张骞派遣副使分别赴大宛、康居、大月氏、安息、身毒、于阗、抒弥(今新疆于田克里雅河东)等国展开外交活动,足迹遍及中亚、西南亚各地,最远的使者到达地中海沿岸的罗马帝国和北非。元鼎二年(前115年),乌孙王配备了翻译和向导,护送张骞回国,同行的还有数十名乌孙使者,这是西域人第一次到中原。乌孙王送给汉武帝数十匹好马,深得武帝欢心。武帝任命张骞为大行,负责接待各国使者和宾客。第二年,张骞去世。他所派遣的部下以后也陆续带了各国使者来到长安,汉和西域诸国建立了友好关系。而汉朝的使者不断往来于西域诸国,一年多则十几次,少则五六次,都用"博望侯"的名义,以取信于各国。乌孙国见汉朝军威远播,财力雄厚,遂重视与汉朝关系,要求和亲。武帝以江都王刘建之女细君公主远嫁乌孙王昆莫;细君死后,武帝又把解忧公主嫁给乌孙王岑陬,两国长期通婚友好。汉朝"凿空西域",张骞创立首功。相传葡萄、苜蓿、石榴、胡桃、胡麻等物皆为张骞从西域传入中原,或未必尽然,但张骞对开辟丝绸之路卓有贡献,至今为人称道。

功德意义

张骞出使西域,开通了东西方经济文化交流的交通线——丝绸之路,从长安经河西走廊,再分为南北两道。张骞通西域的意义,不仅丰富了中国人的地理知识,扩大了中国人的地理视野,而且直接促进了中国和西方物质文化交流。中国精美的手工艺品,特别是丝绸、漆器、玉器、铜器传入西方,而西域的土产如苜蓿、葡萄、胡桃(核桃)、石榴、胡麻(芝麻)、胡豆(蚕豆)、胡瓜(黄瓜)、大蒜、胡萝卜,各种毛织品、毛皮、良马、骆驼、狮子、鸵鸟等陆续传入中国。西方的音乐、舞蹈、绘画、雕塑、杂技也传入中国,对中国古代文化艺术产生了积极的影响。

张骞不畏艰险,两次出使西域,沟通了亚洲内陆交通要道,与西欧诸国正式开始了友好往来,促进了东西经济文化的广泛交流,开拓了从中国甘肃、新疆到今阿富汗、伊朗等地的陆路交通,即著名的"丝绸之路"。完全可称之为中国走向世界的第一人。

张骞两次出使西域,打开了中国与中亚、西亚、南亚及欧洲等国交往的大门,构建了汉与西方国家友好交往的桥梁,同时也促进了东西方文化、经济的交流和发展,给整个世界的文明与进步注入了新的活力,这在文献记载中可以得到证明。

第一,汉武帝在张骞出使西域后,才开始"复事西南夷"。

张骞第一次出使西域回汉后,向汉武帝报告了自己出使过程中所了解到的情况,"天子既闻大宛及大夏、安息之属皆大国,多奇物,土著颇与中国同业,而兵弱,贵汉财物。其北有大月氏、康居之属,兵强,可以赂遗设利朝也。诚得而以义属之,则广地万里,重九泽,致殊俗,威德遍于四海,欣然以骞言为然。"此载说明汉武帝是在张骞介绍了道可通大夏后才开始命张骞四道并出,向西南方向发展的。

第二,张骞第二次出使西域后,汉开始与西域诸国友好往来。

张骞第二次出使西域回汉,带来了乌孙国的使者,"因令窥汉,知其广大"后,乌孙国使者归国后"其国乃益重汉",两国才开始在平等的基础上友好交往。

在以后的一年时间内,张骞在乌孙国所遣持节副使也与西域诸国使者相继归汉,此时,汉才与西域诸国有了正式的国与国之间的平等友好的交往。

张骞死后,匈奴闻乌孙国通汉,欲击乌孙,乌孙国君恐惧,才希望与汉联合,于是才"使使献马,愿得尚汉翁主,为昆弟"。汉要求乌孙国纳聘后再与乌孙国联姻,从此,两国关系才开始日益密切。

发愤著书的司马迁

司马迁（约前 145 年—?），字子长，西汉夏阳（今陕西韩城，一说山西河津）人，中国古代伟大的史学家、思想家、文学家，被后人尊称为"史圣"。他最大的贡献是创作了中国第一部纪传体通史《史记》（原名《太史公书》）。《史记》记载了从上古传说中的黄帝时期，到汉武帝元狩元年（公元前 122 年），长达 3000 多年的历史。司马迁以其"究天人之际，通古今之变，成一家之言"的史学思想完成的《史记》，成为中国历史上第一部纪传体通史，被鲁迅誉为"史家之绝唱，无韵之离骚"，对后世影响巨大。

壮年游历

司马迁大约 22 岁开始外出游历——"南游江、淮，上会稽，探禹穴，窥九嶷，浮于沅、湘，北涉汶、泗，讲业齐、鲁之都，观孔子之遗风，乡射邹、峄，厄困鄱、薛、彭城，过梁楚以归。"回到长安以后，做了皇帝的近侍郎中，主要职责是守卫宫殿门户，管理车骑，随从皇帝出行。他随汉武帝到过平凉、崆峒，又奉使巴蜀，到达的最南边的地方是昆明。据司马迁自己说，他少年时期曾经"耕牧河山之阳"，也就是说他儿童时期曾经在家乡从事过一些农业劳动。后来他的父亲司马谈到长安做了太史令，司马迁随父亲也到了长安，然后在父亲的指导下，他刻苦读书，打下了深厚的文化基础，他拜了很多名师做老师。司马迁的家族，世代都是史官。史官有责任记载帝王圣贤的言行，也有责任搜集整理天下的遗文古事，更有责任通过叙事论人为当时的统治者提供借鉴。司马迁的父亲司马谈就有志于整理中华民族数千年历史，试图撰写一部规模空前的史著。他做太史令之后，就开始搜集、阅读史料，为修史做准备。但是司马谈感到自己年事已高，要独立地修成一部史著，无论是时间、精力，还是才学知识都还不够，所以他寄厚望于他的儿子司马迁，希望他能够早日参与其事，最终实现自己的这个宏愿。于是司马谈要求儿子来进行一次为期两年多的全国的游历。

司马迁从20岁开始的全国游历，是为写《史记》做准备的一次实地考察。他亲自采访，获得了许多第一手材料，保证了《史记》的真实性和科学性。他这次游历，也是《史记》实录精神的一种具体体现。

比如说，当司马迁来到汨罗江畔，在当年屈原投江自沉的地方，他高声朗诵着屈原的诗，痛哭流涕，所以他的《屈原列传》写得那么有感情。他是亲自去考察过的，是在学习屈原的基础上来写屈原的。在韩信的故乡淮阴，司马迁也搜集了许多有关韩信的故事，并亲自去问别人当年韩信受胯下之辱之事，了解韩信之所以能够受胯下之辱而不发怒，是因为他不愿意做出非法的事来。后来韩信帮助刘邦推翻了秦王朝，建立了西汉，封侯拜相，回了故乡。在曲阜，司马迁去瞻仰了孔子墓，还和孔子故乡的一些儒生在一起揽衣挽袖，一步一揖，学骑马，学射，学行古礼，以此表达他对孔子的纪念。在孟尝君的故乡薛城，司马迁走街串巷，考察民风，同时考察这个地方的民风跟当年孟尝君好客养士有什么关系，所以他走一路、考察一路。可以这样说，司马迁在游历的过程中，不放过任何一个了解历史的人，不放过任何一个存留于人们口碑上的故事，获得了许许多多从古籍当中所得不到的历史材料。同时深入民间，广泛地接触了人民群众的生活，使得他对社会、对人生的观察、认识逐渐深入。

此外他遍历名山大川，饱览了祖国山河的壮美，陶冶了性情，从而也提高了他的文学表现力。所以说司马迁的这次游历，正是司马迁走向成功的极为坚实的一步，是非常典型的"读万卷书，行万里路。"

司马迁获罪受刑

元封三年（前108年），司马迁38岁时，正式做了太史令，有机会阅览汉朝宫廷所藏的一切图书、档案以及各种史料，他一边整理史料，一边参加改历。等到太初元年（前104年），我国第一部历书《太初历》完成，他就动手编写《史记》。

可是，资料整理工作非常繁复。由于当时的那些藏书和国家档案都杂乱无序，连一个可以查考的目录也没有，司马迁必须从一大堆的木简和绢书中找线索，去整理和考证史料。司马迁几年如一日，绞尽脑汁，费尽心血，几乎天天都在埋头整理和考证史料。

司马迁一直记得父亲的遗志，他决心效法孔子编纂《春秋》，写出一部同样能永垂不朽的史著。公元前104年，司马迁在主持历法修改工作的同时，正式动手写他的伟大著作《史记》。

这年夏天，武帝派将军李广利领兵讨伐匈奴，另派李广的孙子、别将李陵随从李广利押运辎重。李陵带领步卒5000人出居延，孤军深入浚稽山，与匈奴军队遭遇。匈奴以80000骑兵围攻李陵。经过八昼夜的战斗，李陵斩杀了10000多匈奴兵士，但由于他得不到主力部队的后援，结果弹尽粮绝，不幸被俘。

李陵兵败的消息传到长安后，汉武帝本希望他能战死，后听说他竟投了降，愤怒万分，满朝文武官员察言观色，趋炎附势，几天前还纷纷称赞李陵的英勇，现在却附和汉武帝，指责李陵的罪过。汉武帝询问太史令司马迁的看法，司马迁一方面安慰汉武帝，一方面也痛恨那些见风使舵的大臣，他们一味地落井下石，夸大李陵的罪名。他认为李陵平时孝顺母亲，对朋友讲信义，对人谦虚礼让，对士兵有恩信，常常奋不顾身地急国家之所急，有国士的风范。他对汉武帝说："李陵只率领5000步兵，深入匈奴，孤军奋战，杀伤了许多敌人，立下了赫赫功劳。在救兵不至、弹尽粮绝、走投无路的情况下，仍然奋勇杀敌。就是古代名将也不过如此。李陵自己虽陷于失败之中，而他杀伤匈奴之多，也足以显赫于天下了。他之所以不死，而是投降了匈奴，一定是想寻找适当的机会再报答汉室。"

司马迁的意思似乎是将军李广利没有尽到他的责任。他的直言触怒了汉武帝，汉武帝认为他是在为李陵辩护，贬低劳师远征、战败而归的李广利，于是下令将司马迁打入大牢。

司马迁被关进监狱以后，案子落到了杜周手中。杜周严刑审讯司马迁，司马迁忍受了各种肉体和精神上的残酷折磨。面对酷吏，他始终不屈服，也不认罪。司马迁在狱中反复不停地问自己"这是我的罪吗？这是我的罪吗？我一个做臣子的，就不能发表点意见吗？"不久，有传闻说李陵曾带匈奴兵攻打汉朝。汉武帝信以为真，便草率地处死了李陵的母亲、妻子和儿子。司马迁也因此事被判了死刑。

据汉朝的刑法，死刑有两种减免办法：一是拿五十万钱赎罪，二是受"腐刑"，即宫刑。司马迁官小家贫，当然拿不出这么多钱赎罪。腐刑既残酷地摧残人体和精神，也极大地侮辱人格。司马迁当然不愿意忍受这样的刑罚，悲恸欲绝。可后来他想到，人总有一死，但"死或重于泰山，或轻于鸿毛"，死的轻重意义是不同的。他觉得自己如果就这样"伏法而死"，就像牛身上少了一根毛，是毫无价值的。他想到了孔子、屈原、左丘明和孙膑等人，想到了他们所受的屈辱以及所取得的骄人成果。司马迁顿时觉得自己浑身充满了力气，他毅然选择了腐刑。面对最残酷的刑罚，司马迁痛苦到了极点，但他此时没有怨恨，也没有害怕。他只有一个信念，那就是一定要活下去，一定要把《史记》写完，"是以肠一日而九回，居则忽忽若有所亡，出则不知所往。每念斯耻，汗未尝不发背沾衣也。"正因为还没有完成《史记》，他才忍辱负重地活了下来。

发愤著书

司马迁从元封三年(公元前108年)为太史令后开始阅读、整理史料,准备写作,到太始四年(公元前91年)基本完成全部写作计划,共经过16年。这是他用一生的精力、艰苦的劳动,并忍受了肉体上和精神上的巨大痛苦,用整个生命写成的一部永远闪耀着光辉的伟大著作。

力求真实,爱憎分明

司马迁撰写史记,态度严谨认真,实录精神是其最大的特色。他写的每一个历史人物或历史事件,都经过了大量的调查研究,并对史实反复作了核对。司马迁早在22岁时,便离开首都长安遍踏名山大川,实地考察历史遗迹,了解到许多历史人物的逸闻轶事以及许多地方的民情风俗和经济生活,开阔了眼界,扩大了胸襟。东汉的历史学家班固说,司马迁"其文直,其事核,不虚美,不隐恶,故谓之实录"。也就是说,他的文章公正,史实可靠,不空讲好话,不隐瞒坏事。这便高度评价了司马迁的科学态度和《史记》的记事翔实。

司马迁要坚持"实录"精神,就必须面对现实、记录现实,这就不可避免地会发生"忌讳"的问题。可是他在给人物作传记时,并不为传统历史记载的成规所拘泥,而是按照自己对历史事实的思想感情记录。从最高的皇帝到王侯贵族,到将相大臣,再到地方长官等等,司马迁当然不会抹杀他们神奇、光彩的一面,但也会突出地揭露他们的腐朽以及对人民的剥削和压迫。

司马迁想为封建统治者提供历史的借鉴作用,《史记》一书则反映的是真实的历史,这是非常可贵的。本着实录的精神,司马迁在选取人物时,并不是根据其官职或社会地位,而是以其实际行为表现为标准。比如，他写了许多诸如商人、医生、倡优等下层人物的传记。在司马迁心目中，这些人都有可取之处。司马迁首创了以人载事，始终叙述一个人生平事迹的写法。他在作传时，把自己的看法寓于客观的事实叙述之中，来表示自己对人物的爱憎态度。他高度评价了秦末农民大起义。陈涉出身贫农，是农民起义的领导者，可司马迁却将他和诸侯并列，放在"世家"当中来叙述。对于一个封建史学家来说，能做到这一点是非常不容易的。他在《史记·太史公自序》中，将陈涉和古代有名的帝王——商汤和周武王相提并论，同时明确地指出，只要封建帝王暴虐无道，人民就有权力起来推翻他。陈涉领导的这支农民军虽然没有取得成功，但却掀起了波澜壮阔的秦末农民战争，最后终于推翻了秦朝。对陈涉首先起义的历史功绩，司马迁是完全持肯定态度的。

对于项羽这个人物，司马迁同情他，以非常饱满的热情来写这位失败英雄。他既称赞项羽的骁勇，又对他的胸无大志作出批评。可是，在《项羽本纪》中，司马迁并没有发议论，但是他对项羽的爱憎态度却于叙事之中明显地表现了出来。这便是司马迁作传的最大特点，即真实性和倾向性的统一。

对于历史上许多忠于祖国、热爱人民的英雄人物，司马迁也大加赞赏。他当年游历时，曾到过湖南长沙北面的汨罗江，并在江畔凭吊了伟大的爱国诗人屈原。这次凭吊极大地影响了司马迁，他的心灵中深深地印入了屈原的诗篇和他一生的遭遇。在给屈原作传时，他认为屈原可以同日月争辉。当年，司马迁还曾到湖南零陵郡瞻仰舜的葬地，对舜的事迹作了实地考察。后来在写《史记》时，他便把舜的事情写在《五帝本纪》里，赞扬他忧国忧民的高尚品质。司马迁也非常推崇"完璧归赵"和"将相和"故事中的主人公——蔺相如和廉颇，对他们的爱国行为大加赞赏。

对于历史的演进过程，司马迁的思想也比较完整。他在给予历史正确的评价后，又充分肯定了历史是不断发展进化的这一结论。

志在千里的曹操

政治腐败、社会动荡不安的东汉末年，出现了一位在我国历史上颇有影响的政治人物，北宋王安石称赞说："他的功绩像青山一样长存。"鲁迅说他是"一个很有本事的人，至少是一个英雄。"此人就是曹操。

曹操年轻时，豪爽大度，不受礼俗约束。为实现治国安邦的远大志向，遍访名流，请求指点。他听说有个叫桥玄的名士，以善于识人著称，便前往拜访。桥玄见他确实很有头脑，便对他说："没有大器之才，是不能治理好天下的，今后能控制局面的，恐怕只有你了。不过我也说不太准，你最好再见一个人，此人就是汝南的许劭（shào），凡是得到他首肯的，很快就会出名，声誉也会猛增，人们都把他的评价当作定论。"

于是，曹操又拜见许劭，请他对自己下一评语。许劭对他说："你呀，是个治世的能臣、乱世的奸雄。"此话虽带有贬义，但曹操还是很高兴的。经过许劭的评价，曹操的名字很快就传扬出去了。果然，曹操20岁那年，便经京兆尹司马防推荐，当上了洛阳北部尉，从此开始了他的政治生涯。

初入仕途

洛阳是东汉的都城，分东南西北四部，每部设尉一人，负责治安。尉是县令之下管理治安的官员，曹操作为一个小小的北部尉，处在皇帝眼皮底下的都城，面对杂处一起的各色人等，要搞好治安谈何容易。但曹操却不以位卑权微而畏惧，上任第一天，就叫工匠制作木制刑具"五色棒"，悬挂在他那不大的衙门左右。然后宣布宵禁，不准夜行。违者，不管是什么人，一律惩罚。可是有位豪强的亲戚，倚仗权势，藐视曹操，公然违禁，被曹操夜巡抓住，审讯后受到惩罚。从此社会治安大为好转，再也无人敢贸然犯法。

曹操初登政治舞台的这种出色表现，给他带来了很大的声誉。因此40年后，他功成名就时，还颇为得意地怀念着这段日子，并特地把当年推荐他任北部尉的司马防召来，设宴款待。曹操半开玩笑地对司马防说："你看我今天还能胜任那个小县尉吗？"司马防答得也非常巧妙："我举荐您时，您做个县尉正合适啊！"曹操听罢，不禁开怀大笑。

迎请皇帝

曹操步入政界后，天下更加混乱，各地军阀纷纷割地称雄。曹操被迫离开洛阳后，遂拿出全部财产起兵于陈留，讨伐欲取代皇帝的董卓。又收黄巾军降兵，改编成"青州兵"，开始了他统一北方的事业。曹操知道，要统一北方实在不容易，一方面自己力量有限，一方面要想扫平群雄又缺乏名正言顺的理由。于是曹操想到了当时的皇上汉献帝。

曹操认为借助皇帝的名义，去反对其他敌对势力，易于获得人心，于是决定动用皇帝这张"王牌"。正好这时，赶上少有的大灾荒，汉献帝连吃饭都成了问题，他身边的大臣，凡是担任尚书（在皇帝身边处理政务的大官）以下官职的人，都要亲自挖野菜充饥。因此汉献帝得知曹操要迎请他去许县（今河南许昌）当然同意了，他手下的大臣一听那边有饭吃，更是高兴。曹操的部下却反对迎请皇帝，认为当务之急是多占地盘。曹操对他们说："从前晋文公发兵把周襄王护送到京师，诸侯响应，尊他为霸主；汉高祖为义帝戴孝发丧，天下也都向着他。当今皇帝仍有影响力，如果错过机会，皇帝被他人接去，后悔都来不及了。"大家见他说得有道理，便同意把皇帝请来。

曹操亲自到洛阳,将汉献帝迎到许县,许县于是成了都城改名许都。汉献帝正式临朝,拜曹操为大将军,封武平侯。曹操手下的人也被任命了相应的职务。

曹操迎请皇帝到许昌后,确立了他在群雄中的地位,各敌对势力表面上不得不听从皇帝的命令。曹操以汉献帝的名义下一道诏书给最直接的敌人袁绍,谴责他不来勤王,还攻打别的州郡。袁绍接到诏书,只好上个奏折替自己辩护。曹操见袁绍不敢公开抗命,知道他一时不会攻打自己,便让汉献帝委任他为大将军,先稳住他,自己好腾出手来发展实力。

统一北方

曹操迎请皇帝到许昌后,势力日益壮大。这时,袁绍在河北也占据了大面积地盘,兵多将广,成为曹操统一北方的主要对手。

袁绍越来越感到曹操是最大的敌人,不消灭曹操,自己没有出路。于是派兵攻占了曹操控制的白马城(今河南滑县北)。然后又派 10 万大军集结在黄河北岸,准备直捣许昌。当时曹操的势力远不如袁绍强大,面对袁绍的大军,将领们有些害怕。曹操却认为袁绍为人志大而才小,兵虽多但归属不明,将虽勇但号令不一,是可以被打败的。于是从官渡(今河南中牟县东北)北上,采用声东击西的战术,集中兵力一举夺回了白马城。根据当时形势,曹操决定占而不守,遂带领白马城的百姓全部撤离。

白马兵败,袁绍勃然大怒,决意孤注一掷,下令全军横渡黄河,追击曹军,进攻官渡。曹操得知袁绍 10 万大军的粮草都得从远处运来这一弱点,便采取偷袭的办法,将袁绍的 1 万多车粮草全部烧毁。袁绍派去攻打官渡的部将听说粮草被烧,感到大势已去,便放下武器,向曹操投降。曹操趁势出击,将袁绍打得大败。这就是历史上有名的官渡之战。几年后,曹操彻底消灭了袁绍的残余势力,控制了袁绍原来的势力范围。

随后,曹操又派兵大败南侵的北方部落,把先前被掠去的10万多汉民带了回来,并把北方一些部落迁到内地,让他们和汉民一起从事农业生产。至此,北方统一了,中原长期混战的局面结束了。

许下屯田

东汉末年兵荒马乱,百姓流亡,土地荒芜,饥荒不断。曹操几次带兵打仗,都因军粮短缺,不得不退兵。曹操越来越感到,粮食问题已经成了决定战争胜负的关键。

怎样才能弄到粮食呢? 这是曹操经常思考的问题。有人说征粮,可百姓已无粮可征了。有人说打野食,几十万军队哪里有那么多的野食可打。曹操请来对粮食问题有研究的枣祗(qí),向他请教。

枣祗说:"粮食问题好办,就地解决嘛。"

"如何就地解决,还请明示。"曹操急忙问道。

"如今许都附近有不少闲田,何不在许下屯田!"枣祗答道。

"谁来种田?"曹操又问。

"许都有上万士兵,都是农民出身,种田不是问题。"

"叫士兵屯田?"

"正是。"

枣祗还提出民屯的方案:招徕(lái)逃荒的农民种田,官府租给牲口,收获四六分成。自己有牲口的,收获对半分成。

曹操是个头脑灵活,又有远见的聪明人,立刻认识到枣祗的建议是摆脱困境,争取胜利的绝好办法,便决心实行屯田。于是任命专职屯田官建立屯田组织,颁发屯田令,军屯民屯双管齐下。

屯田的确是个好办法,既发展了农业生产,解决了流民问题,又提高了曹操的威望,为他日后的胜利打下了坚实的基础。

屯田初始，带有很大的强迫性，后来曹操感到这样做不好，就放宽了政策。凡自愿参加屯田的农民就吸收，不愿意的不勉强。屯田第一年就获得了很好的收成。以后便大规模地招募流民，在中原地区进行屯田，每年可收谷物数亿斗之多。几年后，各地粮仓堆满了粮食。

唯才是举

曹操十分重视人才，深知只有拥有人才，才能立于不败之地。在用人上，从来不拘一格，唯才是举。即便是反叛过来的，只要有才干，也大胆任用。

有一年，曹操为解除强敌压境的威胁，进攻已降刘表的凉州张绣。张绣无力抵抗，率众投降，但心中并不情愿，曹操的部下想杀了他。张绣得知，又率众反叛。曹操仓促应战，自己右臂受伤，一子一侄战死。后来，当曹操与袁绍对峙时，张绣听从谋士的劝告，相信曹操胸怀大志，不计私怨。因而拒绝袁绍约其出兵同攻许都的建议，率众归降。曹操见张绣再次归降，非常高兴，设宴欢迎，拜他为扬武将军，又结成儿女亲家。曹操对他说："回来就好，以前的事儿就算过去了，我们谁也不要放在心上。希望今后多为国家效力，我是不会错待你的。"以后，张绣英勇作战，屡立战功。

陈琳是东汉末年出名的才子，在袁绍军中任职，写过讨伐曹操的檄（xí）文，袁绍失败，陈琳被俘。曹操问他：

"你替袁绍写檄文，说我一人也就够了，何必又说我的父亲和祖父呢？"

"箭在弦上，不得不发啊。"陈琳请罪道。

"那你也不能平白无故地随便说无关的人呀！"

"为人之臣，当为人尽力，这是为臣之道。我想，我这样做您是能理解的。"

曹操因爱其才，不再追究，反加重用。自此军国书檄，多出自陈琳的手笔。

曹操的这种气度和胸怀，对当时有识之士影响很大，许多人才流向了曹操阵营，对曹操统一北方起了非常重要的作用。

烈士暮年

曹操统一南方这一战略目标，限于当时的历史条件，并以赤壁之战失败而受挫。但这并没有动摇他统一全国的决心。"老骥（jì）伏枥（lì），志在千里；烈士暮年，壮心不已"这首诗，正反映了他晚年仍要统一全国的雄心壮志。

曹操一方面继续发展农业生产，巩固后方；一方面又经常在几条战线上，同时展开更加频繁的军事行动。亲率大军三征孙权，又与刘备在战略要地汉中四度争战。66岁时，终因操劳过度而病逝。他在弥留之际，仍念念不忘将统一大业进行到底。

足智多谋的诸葛亮

东汉末年,军阀混战,天下大乱。蜀汉政府中有一位指点时势、运筹帷幄的杰出政治家,他就是诸葛亮。

诸葛亮字孔明。幼年失去父母,17岁时来到隆中村(今湖北襄阳市西),过上隐居生活。在隆中村,他边种地,边读书,不断充实自己,怀有定国安邦之志,人称"卧龙"。

隆中答问

诸葛亮隐居隆中时,静观天下形势变化,以求施展自己的政治抱负。西汉宗室后裔刘备正好在察访贤才,加紧扩充自己的势力,听说诸葛亮是天下奇才,便冒着数九严寒,三次到隆中拜访诸葛亮,这就是所谓的"三顾茅庐"。

诸葛亮为刘备"三顾茅庐"的诚挚精神所感动,也出于对他完成国家统一理想的拥护,在隆中村的茅草屋里,从政治、经济、军事、地理和人事各个方面,把天下形势向刘备做了精辟分析,提出了一套完整的统一中国的策略,这就是著名的"隆中对"。"隆中对"贯穿的一条主要思路就是:承认曹操在北方、孙权在江南这一现状,进而谋求改变它。具体步骤便是先占领战略要地荆州(今湖北、湖南及河南西部),再夺取益州(今四川、云南、贵州西部)。有了这两州作为根据地,然后与西南少数民族搞好关系,与孙权结成联盟,改革内政,等待有利时机,进行下一个步骤。一旦时机成熟,便向中原地区发展,实现统一大业。刘备听完诸葛亮的分析,顿开茅塞,说道:"先生说得太好了,果非等闲之辈,天下大势确实如此。我想树起一面大旗,聚集天下豪杰,创出一番事业来,希望先生助我一臂之力。"正式邀请诸葛亮出山与自己合作,以实现这个计划。

诸葛亮离开隆中村,踏上了政治舞台,这一年他才 27 岁。"隆中对"充分显示了诸葛亮的远见卓识,后来刘备势力的发展和三国鼎立局面的形成,基本上都是按照诸葛亮"隆中对"的分析逐步实现的。

联孙抗曹

建安十三年,北方的曹操挥师南下,直袭荆州,在当阳长坂(今湖北当阳东北)大败刘备。孙权拥兵于柴桑(今江西九江市),观望势态,举棋不定。

在这关键时刻,诸葛亮十分清醒,对刘备说:"眼下形势危急,只有说服孙权联合抗曹,才有生路。"得到刘备同意后,诸葛亮出使东吴,会见孙权,向孙权提出了联合抗曹的建议。

诸葛亮首先向孙权分析了他们共同面临强曹的严峻形势,然后明确指出:

"不要对曹操抱有幻想,应与刘备联合,同曹操决一死战。如此,方有生存的可能。不做打仗准备,只是观望、坐等局势好转,是不现实的,必然自取灭亡。"

孙权却认为:"曹操势力强大,急于凭武力抵制,恐怕难以奏效,刘备长坂坡大败便是一例。曹操在短时间内吞并不了天下,现在我们静观变化,等曹操真的动手时,再联合对付曹操不迟。现在就联合,会激怒曹操,于我们不利。"

诸葛亮见孙权不想联合,就故意激他说:"我们决心与曹操决一死战,你没有胆量也就算了,此事不可勉强。我看你及早向曹操投降,曹操会赏你一官半职。如果晚了,曹操大军打过来,你恐怕连命也保不住。"

孙权听诸葛亮如此一说,沉不住气了,马上改口说:"我身为东吴之主,拥有10万之众,决不能受制于曹操,我抗曹的决心已定。"孙权说完此话又后悔,心中掠过一丝阴影,觉得刘备刚刚被曹操打败,是否有力量与曹操抗衡,值得怀疑,如果刘备已无力抗曹,落个东吴孤军作战,岂不是太危险!

诸葛亮看出了孙权的心态变化,立即指出:"曹军虽众,但是北军不习水战,又是长途跋涉而来,战斗力已经削弱。我军虽刚刚战败,仍有2万水军。曹军的短处,恰是我们的长处。若孙刘联合起来,协同作战,打败曹操是有绝对把握的。"孙权听罢此言,终于下了决心,同意与刘备联合。到此,诸葛亮出使东吴,说服孙权共同抗击曹操的使命圆满完成。

经过一段时间的准备,孙、刘联军5万,在赤壁(今湖北蒲圻县境)对20万曹军作战,大败曹军,迫使曹操放弃南进的计划。曹军退回中原后,刘备再次占领荆州,为以后的三国鼎立奠定了基础。历史固然不是某个人创造的,但个人的作用也是相当重要的,诸葛亮出使东吴,联孙抗曹,无疑对三国的历史产生了重大影响。

励行法治

刘备在四川站稳脚跟后,经过10余年的发展,势力壮大起来。竟不顾诸葛亮的劝阻,出兵东吴,被东吴打得大败,被迫退到白帝城(今四川奉节县境内)。刘备思前想后很是不快,加上年老和过度劳累,终于一命呜呼。临终前把诸葛亮叫到跟前,将儿子刘禅(小名阿斗)托付给他,要诸葛亮辅佐刘禅,实现统一天下的大业。从此,诸葛亮就全面担负起了治蜀的重任。

秉政之后,诸葛亮全局在胸,处事更加有条不紊。他依法行事,不避权贵,不徇私情,而且刑罚有准,轻重适当。

李严是蜀汉朝廷大官,地位仅次于诸葛亮。北伐时,负责后勤工作。当时,军需供应有困难,他不但不想办法克服,还假传圣旨,说不是军需供应不上,而是皇帝要撤军,为自己开脱罪责。诸葛亮查知此事,毫不留情,依法将李严削职为民,流放边地。诸葛亮病死的消息传来后,他竟心急而死。

任人唯贤

诸葛亮为政,十分重视选拔人才。他认为,使贤任能是治好国家的关键,是关系国家兴亡的大事。

诸葛亮用人的特点是不注重出身。蒋琬本是一个抄写文书的小吏,刘备入蜀时,当上县令,整天以饮酒为乐,政绩平平。诸葛亮通过考查。发现他是个大材,大材不宜小用,便提拔他当将军,负责后勤供应,他工作干得很出色。后来诸葛亮又向后主刘禅推荐他做自己的接班人。诸葛亮死后,蒋琬执掌朝政,他果然治理得当,使蜀汉统治又有了一个相当长的安定时期。

杨洪本是某刺史的助手,官位很低。诸葛亮发现他很有政治头脑,便提拔他当太守,官位与刺史相同。诸葛亮又发现杨洪手下的文书何祗有才干,进取心强,也提升他为太守。官位与杨洪相同。每当朝会,何祗与杨洪平起平坐。杨洪便开玩笑地对何祗说:"你的马怎么跑得这么快?"何祗幽默地回答说:"不是我的马跑得快,而是你没有快马加鞭呀!"此事一时传为美谈。

诸葛亮是一位虚心纳谏、集思广益的人。他很愿意和一些敢于直言得失,给他以启迪的人交朋友。徐庶是诸葛亮的老朋友,他能做到知无不言,言无不尽;董和是诸葛亮的下属,如有事情处理不当,他就会申述自己的意见,与诸葛亮争论,直到把事情处理妥善为止。诸葛亮十分赞赏他们二人敢于直言的精神和认真办事的态度,常常鼓励官员向他们学习。

诸葛亮54岁时死于军中。消息传到成都,举国尽哀,百姓自发地在路途设祭,以纪念这位把自己的全部身心无私地奉献给国家的伟人。诸葛亮死后30年,刘禅降魏,蜀国灭亡。

移风易俗的北魏孝文帝

南北朝时的北魏，有一位很有才干的鲜卑族皇帝，他为了改变鲜卑人落后的生活方式，积极推行汉化政策，缩短了鲜卑与汉族间的差距，促进了民族大融合。他就是北魏孝文帝。

鲜卑族是我国北方的一个少数民族，南北朝时期强大起来，控制了黄河流域，建立了魏国，史称北魏。北魏皇帝姓拓跋，所以又称拓跋魏。北魏孝文帝是北魏献文帝的长子，名叫拓跋宏。

黄河流域是汉族占统治地位的地区，也是经济比较发达的地区。鲜卑人进入这里，用落后的方式进行统治，激起了以汉族为主的各民族的抵制。北魏孝文帝决心进行变革，改变鲜卑人落后的生产、生活方式，加速汉化进程，以适应社会发展的需要。

实行均田

鲜卑族统治的北方地区，连年战乱，灾害不断，土地严重荒芜，豪强地主乘机兼并土地。农民为了逃避繁重的官府徭役，举家投靠豪强地主门下，但豪强地主的赋税也十分繁重，农民被迫流落他乡。这使得北魏政权直接控制的土地和人口越来越少，财政收入随之降低，导致了社会的不稳定。

为缓和矛盾，保证财政收入，魏孝文帝毅然采取重新平均土地的政策，实行"均田制"，同豪强地主争夺土地和农民。具体做法是：把荒地分给农民,成年男子每人40亩,妇女20亩,让他们种植谷物。还分给桑田,让他们种桑养蚕。农民则要向官府交租、服劳役。这样,开垦的土地多了,农民受剥削程度降低了,生活比较安定了,政府的收入也就增加了。

迁都洛阳

北魏孝文帝是个很有作为的皇帝,他认为要巩固统治,就要吸收先进的中原文化,改革鲜卑落后风俗。他决心把国都从平城(今山西大同市东北)迁到发达的洛阳。

北魏孝文帝知道迁都很难,一定会有人反对,就召集群臣,假称攻打南朝。以任城王拓跋澄为首的文武群臣信以为真,纷纷反对。魏孝文帝生气地说:

"现在我是皇上,国家归我所有,我想要做的事情难道还需你任城王的同意吗?"

任城王拓跋澄也不示弱:"国家是归你皇上所有,但我作为国家大臣,对国家的危难,哪能知而不管呢?既拿国家俸禄,就得报答君恩,看到不对的事情就要站出来管,这才是为臣的本分。"

魏孝文帝见僵持不下,沉思了一会儿说:"既然大家意见不一,那就先放一放吧,你们回去考虑考虑,然后再商量。"

退朝后,北魏孝文帝把拓跋澄单独叫来,对他说:"实话对你说,刚才我向你发火,是为了吓唬吓唬大家。平城是个用武之地,不是搞文治的地方。我想迁都洛阳,你看怎么样?"

拓跋澄听北魏孝文帝这么一说,才领会了皇帝的真实意图,说道:"我说今天皇上的情绪有些不对嘛,原来这是皇上故意做出来的样子。迁都洛阳可是件利国利民的大好事,我赞同皇上的想法。"

北魏孝文帝见他支持迁都,便又接着说道:"平城是鲜卑贵族居住的地方,保守势力很大。迁都洛阳,既便于加强同汉族上层的联系,又可摆脱旧势力的束缚,有利于我们的统治。我这次要伐南朝,就是想带大家迁都中原。不过现在看来阻力还是很大的,我还没敢直说是要迁都,只是说要南伐,便遭到大家的反对,如果说是要迁都,那还不翻了天。"

拓跋澄看北魏孝文帝有些担心,便给他鼓劲道:"只有非常之人,才配做非常之事。只要你对现状有所改变,就必然会遭到一部分人的反对,这些人不管你做的事情是大是小是好是坏,只要你有所作为,他就会反对,这是他们本性所决定的。皇上你就大胆地去干吧。"

北魏孝文帝听了,非常高兴,说道:"有你这样的大臣支持我,我心中就有底儿了。"

北魏孝文帝亲率 30 万大军,进驻洛阳。那时,正值深秋,阴雨连绵,道路泥泞,行军十分困难。北魏孝文帝明明了解这些情况,却故意跃马扬鞭,继续前行。大家本不想南伐,今又遇雨天,纷纷跪在魏孝文帝的面前,劝他不要再前行。

北魏孝文帝说:"讨伐南朝的计策已定,现在大军要继续向南挺进,此时此刻你们理应做好与南军交火的准备,可你们却要收兵后退。"

"南伐的事,大家都不愿意,这是你一人的主张。我们在北方待得好好的,干什么要南伐打仗。"有位大臣说道。

"我苦心治国,你们一再阻挠,只图安逸,不知进取。"说罢,北魏孝文帝便策马欲行。

这时又有大臣哭着上前劝说。北魏孝文帝又对大家说:"现在兴师动众,非同小可。无功而返,如何向后人交代?既然你们不想南伐,那就索性把国都迁到这里。总而言之不能白出来一趟。"

上自大臣,下至士兵,大都不愿意迁都,但是迁都总比打仗好,所以只好表示同意。迁都洛阳的事便这样定了下来。

北魏孝文帝在洛阳安顿下来后,派拓跋澄回平城,向王公贵族宣传迁都的好处。后来,他又亲自回平城,劝说迁都。平城贵族中有人搬出一条条理由,反对迁都,说:"平城是先人留下的宝地,先人住得,我们为什么住不得？不能抛弃祖宗的家业。"北魏孝文帝说："平城地处边塞，气候寒冷，风沙常起，农业落后，交通不便，稍有天灾就得逃荒。而洛阳地处农业发达的中原地区，交通便利，一直是汉族政治、经济、文化的中心。迁都洛阳对我们鲜卑族只有好处没有坏处。"

不久他便正式迁都洛阳。

移风易俗

迁都后，北魏孝文帝决心改变鲜卑族的风俗习惯，采用汉族的生活方式与典章制度。

有一次，君臣一起议政，北魏孝文帝问道：

"你们愿不愿意让我们魏国也像周朝那样闻名史册，千古传颂？"

"当然愿意。"大臣们一致回答。

"为实现这个目标，是不是得改变我们的风俗习惯？"北魏孝文帝又问道。

"是得改变。"大臣们说。

"你们愿不愿意让我们的子孙永远统治这个国家？"

"愿意。"

"那好吧，我决定改变落后的风俗习惯。"北魏孝文帝一锤定音，开始了移风易俗的工作。

他首先下令禁止鲜卑人穿本民族服装，改穿汉服。鲜卑是游牧民族，穿短衣适合骑马。现在来到以农耕为主的中原定居，穿上汉服不仅方便，也利于减少民族差异，消除民族隔阂。至少从衣着上看不出哪个是汉族，哪个是鲜卑族。

命令下达后，北魏孝文帝还十分注意检查执行情况，有一次，他对大臣们说：

"我在街上看见有个妇女还穿着鲜卑服，你们为什么不检查？"

"这是个别现象，还是穿鲜卑服的少，穿汉服的多。"拓跋澄急忙解释。

"多数不行，我需要的是全部。"魏孝文帝有些生气，"你们要认真对待此事，不可马虎从事。这是关系国家命运的大事，要宣传解释，使人人知道改变风俗习惯的重要性。"

"我们一定加强检查，保证不再发生类似的事情。"拓跋澄说道。

北魏孝文帝还禁止鲜卑人讲鲜卑语，让他们一律改说汉话。过去，做官的汉人也得讲鲜卑语，现在北魏孝文帝规定在朝廷上不准讲鲜卑语了。30岁以上的人改口困难，可以暂缓。30岁以下的现任官员一律要改说汉话，违反者就要降职或撤职。虽然许多鲜卑人不满这个规定，但也没办法，只好按规定执行。

为了进一步拉拢汉族地主，缓和汉人的敌对情绪，改变过去鲜卑人的风俗习惯，北魏孝文帝又倡导同汉人联姻。他自己就娶汉族姑娘为妃，皇后也是汉人。并且让自己的弟弟也娶了汉人。其他鲜卑人也都按照门第高低，与汉族实行对等联姻。

北魏孝文帝实行移风易俗，遇到很大的阻力，但由于他果敢坚决，所以收效很大。

重视人才

魏孝文帝十分重视人才。他规定只要是人才，就可以不受门第等级的限制而加以重用。他经常鼓励官员推荐人才，谁推荐了人才，就给谁奖励或准许他放假休息。他还把能否推荐人才，作为考核政绩的重要标准。有一次，北魏孝文帝对几位大臣说："你们任职这么长时间了，既没有批评我一句，也没有提出过一个好的建议，更没有给我推荐过一个人才，或是罢免过一个不称职的官吏，这是严重的失职。"结果，这几位大臣受到了惩罚。

北魏孝文帝还特别重视汉族人才,对他们能放下皇帝的架子,尊重他们的意见。汉族大臣李冲有管理才干,他就经常和李冲一起研究国家大事,总结历史经验教训,制定政策和措施。汉人王清石世世代代在江南做官,到了北方后,担心北魏孝文帝对他不信任,心里很不安。北魏孝文帝认为他是一个不可多得的人才,不但不猜疑,反而对他说:"你什么时候想见我都行,你想说什么都可以,不要有顾虑。"王清石对北魏孝文帝十分感激,因此为北魏孝文帝出了很多力。

　　北魏孝文帝总想统一全国,他曾说:"全国大部分地区都已归我所有,只剩下江南还没被我统一,我要做全国的皇上。"为实现这个目标,他连年征战,终因积劳成疾,病死于南征途中,时年 33 岁。

治国有方的隋文帝

南北朝时,军阀混战,国家四分五裂,经济衰退,生灵涂炭。结束分裂,实现统一,已成为历史发展的需要。这种需要造就了一位顺应历史、实现统一的著名人物,他就是隋文帝。

隋文帝名叫杨坚,出身于南北朝时期北周贵族家庭。他继承父亲的爵位,为随国公。他对北周的黑暗统治十分不满,因此发动政变,推翻了北周,建立了一个新的政权。他本是随国公,新政权就定国号为随。杨坚觉得自己当上皇帝不易,希望杨家能永远执掌这个政权,可"随"字里面有个"辶",杨坚认为这不吉利,已经到手的天下怎么能就这样随随便便地走掉!于是下令去掉随里面的"辶",变"随"为"隋"。本来"隋"字应读"惰"(duò),但从此以后,这个"隋"字的读音也就变成了"随"。

统一江南

隋朝建立后,继承了北周统一的北方。可长江以南的半个中国,仍在南朝最后一个王朝陈的统治之下。南北分裂局面严重阻碍了生产力的发展,加重了百姓负担。南北方百姓都希望国家统一,过上安定的日子。

隋文帝早有统一天下的志向,眼看江南百姓陷于水深火热之中,就沉痛地说:"我身为一国之君,怎么能因长江一水之隔,而不去拯救他们呢！"不过隋文帝也知道,陈朝统治虽然腐败,可毕竟是百足之虫,死而未僵,它还有10万军队呢。灭陈不是件容易的事,必须做好充分准备才行。于是,他号召大臣献计献策。

有位文臣提出一个逐渐削弱陈朝国力的计策,他说:"我们地处北方,季节晚,他们地处南方,季节早。当南方收割庄稼时,我们就装作进攻的样子。陈一征兵备战,就顾不上收割庄稼,等他们把军队一集结好,我们就撤兵,正好不耽误我们收割庄稼。年年如此,他们就麻痹了,对我们集结兵力习以为常,丧失警惕。等到我们真正进攻时,可以收到出其不意,攻其不备的效果。"隋文帝采纳了他的计策。长期如此,终于使陈的国力一年不如一年。

有位武将提出了一个兵分两路的建议。一路在长江上游,大张旗鼓地造船,一路在长江下游,悄悄地准备渡江。陈如果防备上游,我们便从下游进攻,陈防备下游,我们就从上游进攻。隋文帝采纳了他的计策。

尽管隋紧锣密鼓地备战,但陈却无所警惕,陈后主花天酒地,横征暴敛,大兴土木,劳民伤财,百姓怨声载道,都希望陈能早一点灭亡。

隋文帝见灭陈的时机已到,就发出文告,历数陈后主罪状,为统一江南制造舆论。随后,派大军渡江南下,历时三个月,灭掉陈朝。300多年的分裂局面结束了,中国再次实现统一。战后,隋文帝免除南方百姓10年赋税,销毁武器改铸农具,鼓励生产。

安抚突厥

居住在长城以北的突厥(jué)人,以畜牧业为生,逐水草而居。他们分成许多部落,崇尚武力,以战死为荣。其中有一位叫沙钵略的部落可汗(kèhán,头领),经常南侵,骚扰边境,对安定和生产构成极大威胁。

如何对付突厥人？这个问题使隋文帝颇伤脑筋：武力征服有困难，国家刚刚建立，百废待兴，军力不足，组不成一支强大军队。隋文帝只好采取"和亲"的老办法，将一位宫女认作干女儿，封为千金公主，嫁给沙钵略可汗。

为了进一步稳住沙钵略可汗，隋文帝派使臣去看望千金公主。使臣到达时，沙钵略称病不出迎，待见了面，对使臣傲慢地说："我们突厥人是从来不向人跪拜的。"使臣很生气，斥责沙钵略无礼。千金公主从旁悄悄地对使臣说："可汗性情暴烈，争执起来，他会伤害你的，你可要小心啊。"使臣于是又以温和的态度对沙钵略说："突厥与我们同是军事大国，你不起身还礼，也就罢了，但是千金公主是大隋皇上的女儿，你是大隋皇上的女婿。我奉皇上旨意，来看望他的女儿，你作为女婿，怎么能这样不敬呢？"沙钵略也觉得自己失礼，便从座位上站了起来，走到使臣的跟前跪下，双手接过隋文帝的书信。信中说："你既然是我千金公主的夫婿，也就是我的儿子，我派人去看望你和女儿，是希望你们突厥人生活得更好。"沙钵略被隋文帝的话语所感动，心中很是惭愧。使臣借此机会，又向沙钵略传达了隋文帝的口谕，让他向隋称臣。沙钵略高兴地说："称臣完全可以。今天我能心甘情愿地做大隋皇上之臣，这都是使臣帮助的结果，使臣让我明白了许多道理，我真是感激不尽。"于是赐给使臣良马千匹，并将自己的妹妹嫁给了他。由于隋文帝采取了正确的策略，安抚了突厥，使长期的边患在一定程度上得以消除，同时也加强了汉族与边疆少数民族的联系。

注重法治

南北朝时期刑法混乱苛刻，司法者审案随便，贪赃枉法，被判刑的人越来越多。隋文帝建国后，废除秦汉以来的酷刑苛法，制定新法，还规定，百姓有冤可越级上诉，直至朝廷。

隋文帝认为，法应因时而变，先朝的法必须修改，以适应新世道。旧法中的酷刑部分尤其要取消。他认为："酷刑不道德，摧残人的肉体，又摧残人的心理，伤害人的良知和自尊。"因此，隋文帝命令执法和懂法的大臣，对原先制定的 1500 条法律条文，进行精简，废止酷刑部分，使它们简明扼要，具有实用性。

修订后的法律条文体现了化重从轻、化死为生的精神，有利于常人守法，犯人改过自新。隋文帝主持修订的新法，在中国刑法史上占有重要的地位。

隋文帝从不因私情徇法。皇后独孤氏，是个才女，也是隋文帝处理国事的得力助手。她有个叫吴仁的亲戚，仗势侵害百姓，干了不少违法的事儿，隋文帝没有照顾皇后的情面，把他削职为民。

大臣们力保吴仁，进谏道：

"吴仁是皇后的至亲，过重地处置他，在皇后那里不好交代。批评一下算了。"

"王子犯法与民同罪，皇后的亲戚也不能例外。否则，百姓会对法律失去信任，一旦法律失信于民，后果不堪设想。"隋文帝说道。

"皇上说的对，但是古语说：'水至清则无鱼。'我觉得还是变通一下好，看在皇后的面上，从轻发落。请皇上三思。"

"如果吴仁是普通百姓，你们能替他说情吗？你们说情，无非因为他是皇后的亲戚。我心已定，不要再说了。"隋文帝的话，说得大家哑口无言，只好同意隋文帝的决定。

倚贤治国

隋文帝一生几乎没有亲自打过仗,也没有多大的学问,他所以能够平定天下,统一国家,很重要的原因就是知人善任,倚贤治国。

大臣高颎(jiǒng)饱读史书,能文善武,深得隋文帝赏识。他奉命负责营建新都时,不避寒暑,每天坐在工地旁的老槐树下,亲自指挥修建。新都建成后,那棵老槐树本应砍去,隋文帝却嘱咐保留下来,用以纪念高颎办事勤勉认真。

隋文帝主张用人不疑,疑人不用。他认为,用人就要不疑,如果总是怀疑这个不忠,那个要反,势必人人自危,不利于国家。他常说,他最痛恨那些拨弄是非的人,对这种人就得严惩,不能手软。

高颎带兵攻陈时,有人在隋文帝面前说高颎要谋反,隋文帝当即把那人处决了。

高颎回朝后,隋文帝对他说:"有人告你谋反,已被我斩了,你我君臣同心,岂容别人离间。"高颎听后很不安,上书要求辞职。隋文帝挽留道:"你是我的得力帮手,怎么能放你走呢!你外出指挥打仗,则平定天下;入京统率卫队,则安定朝廷。你做事竭诚尽心,是上天让你来帮助我的,千万不要再说辞职的话了。"

高颎没有辜负隋文帝的信任,他以天下为己任,做事兢兢业业,竭尽全力,还推荐了苏威等贤能之士。

苏威也受到隋文帝的信任和重用,与高颎共掌朝政。隋文帝让他辅导太子,参议朝政,掌管全国的经济。苏威上书辞让,说自己德薄才疏,不能身兼数职。隋文帝下诏说:"大船可以载重,骏马能够驰远,你的才能抵得上几个人。当仁不让,能者多劳,朝廷需要你出力,你不要推辞。"

苏威于是便接受了任命。

有一次，苏威入宫奏事，看见宫中帐子钩是银子做的，便对隋文帝说道："现在国家百废待兴，财力匮（kuì）乏，我们要开源，也要节流。宫中应作出表率，领导时尚。宫中尚浮华，天下便形成浮华的风气；宫中尚节俭，天下便形成节俭的风气。"隋文帝点头称是。于是下令拆除宫中浮华饰品，用物一律从俭，宫中各色人等务求俭朴，不许奢华。

后来，隋文帝患了痢疾，御医开的药方需要女人化妆用的铅粉一两作药引子，竟因皇妃宫女无人使用化妆品，而无法找到。

皇宫生活如此节俭，从上到下很快就形成了节俭的风气。隋文帝曾说："苏威遇不到我，就无法施展他的才能，默默无闻；而我得不到苏威，也就会少一个得力的助手，难把国家治理好。"

隋文帝善于识人用人，充分发挥贤人能人的作用，把国家治理得很好，使天下统一，社会安定。

从谏如流的李世民

隋唐之际,天下大乱,历史需要一位杰出人物出来重整山河,历史也确实创造了这样一位人物,他就是李世民。

李世民是唐高祖李渊的二儿子,从小聪明机智,喜好历史,胸怀大志。隋朝末年,天下大乱,他广交豪杰,积极参加反隋的战争。唐朝建立后,他发动政变,27岁登上皇帝宝座,庙号太宗,世称唐太宗。唐初的太平盛世就是他开创的。

知人善任

李世民知人善任,最重视人才。他亲撰《求贤》文,说:"黄金虽好,价钱虽高,却没有人才重要。"他还常说:"要国家昌盛,百姓乐业,须有能人俊才治理。我一人能力有限,做事难得圆满,需要人才辅佐我才行。"

李世民知人善任,对大臣们的特点了如指掌,故能用其所长。

李世民即位的第三年,天下大旱,许多地方颗粒无收,灾民遍地。李世民一面自责,一面让大臣们出主意,想办法,提建议。

有一个叫常何的侍从武官,不知该说点什么好。什么也不说,又觉得不好交代,便让寄住于他家的客人马周替他想几条,马周在纸上写了20多条建议。李世民一看,条条可行,很是高兴。但又觉得奇怪,平常并没有发现常何有此才能,怎么一下子提出了这么多好建议?便将常何召来询问，常何只好如实说来。李世民立即传见马周。一交谈，发现马周确实是个人才，当即把他安排到机要部门任职。后来马周又多次提出合理建议，均被采纳，成为李世民的得力助手。李世民曾说："马周可帮了我的大忙，一天不见便想他。"马周多次晋升，最后当了宰相。

李世民选拔人才不注重门第，只要有才能就任用，只要有功劳就提升。他手下的文武大臣，有炼铁的，有种田的，有小军吏，也有从前反对过他的人。李世民的这种用人政策，使有真才实学的人有机会发挥自己的才能，并为国家办好各项事情提供了保证。

注重教育

李世民十分重视人才的培养和教育。他下令在京城长安开办一所高等学府——"国子监"，聘请有名望的学者任教。他还时常亲临学校，听课指导。每次去都有一些赏赐给老师和优秀的学生，以资鼓励。学生努力学习的风气很盛，各地学子都希望到"国子监"上学。高丽、新罗等国，也派留学生前来学习。李世民见此情景，很是高兴，下令增建校舍，广招学生，扩大了学校规模。

李世民为网罗人才，还实行科举制度，用考试方法选拔人才。科举制度的实行为下级知识分子参政打开了大门，从而扩大了统治基础。有一年考试刚过，李世民在皇宫的城楼上，看到考完的进士鱼贯而出，高兴地对身边大臣说："你们看看下面，有这么多人才为我所用，何愁国家不强大起来。"

从谏如流

在虚怀纳谏、从谏如流这一点上，可以说中国历史上没有哪一个皇帝能与李世民相比。

李世民认为听取别人的意见(即纳谏),不仅可以少犯错误,而且还可以改正错误。他多次对大臣说:"要想看见自己的样子,就得借助镜子,而要想知道自己的错误,就得有敢说真话的人。如果君主自以为高明而拒绝批评,大臣又一个个随声附和,那么君主一定没有好下场,做大臣的也一定无法保全自己。"

为了让大臣毫无顾忌地提意见,李世民努力创造一种敢说真话的气氛。他刚即位的时候,有一个人犯了重罪,李世民要杀他,大臣孙优伽认为按照法律此人没有犯死罪。李世民认为孙优伽说的有道理,便接受了他的意见,还赐给他一个价值百万的庄园。有人说赏赐太重,李世民说:"我当皇上以来,没有人敢给我提意见,孙优伽是第一个。我重重地赏他,是要让大家知道我不仅欢迎提意见,还勇于接受意见。"

受到李世民的鼓励,进谏言事的大臣多了起来,但是李世民发现大臣们提的建议很少是指责错误的,许多连他自己都发觉做得不妥的事情,却没人敢提出异议。于是召集群臣,对他们说:"大错是由小错铸成的,不要以为小错可以不指出来,要知道,'千里之堤,溃于蚁穴'。这当然不能全怪你们,也怪我没有主动向你们征求意见。"

李世民真心诚意求谏,在他执政期间,谏臣盈庭,劝谏成风。每有上书言事的奏章,他都亲自审阅,还把好的建议贴在墙上,随时观看,时时提醒自己。

大臣中最敢逆耳直言的便是魏征了。一次,李世民想搞封禅,让大臣讨论,魏征坚决反对。所谓封禅就是到泰山祭祀天地,宣扬皇帝的功德,秦始皇、汉武帝均有此举。李世民问魏征:

"你不同意封禅,是因为我的功劳还不大吗?"

"皇上的功劳已经很大了。"魏征答道。

"那么是我的德行还不高吗?"

"已经很高了。"

"是我大唐江山还不稳固吗?"

"已经很稳固了。"

"是周边小国还未臣服吗?"

"都已臣服了。"

"是粮食还不充足吗?"

"粮食也充足了。"

"那么我为什么不能去泰山封禅呢?"

"皇上虽然做到了以上这些,但国家建立不久,整体实力还不够强大,如果皇上率众远行,必然耗费大量的财力,加重百姓的负担。现在国家就像一个得了10年大病的人,刚刚治好,体力还没恢复,却想挑百斤的担子,走百里的路程,这是不行的。隋末的战乱,不止10年,皇上好比医生,国家好比病人,经过几年的医治,病人虽已痊愈,但还不结实。此时皇上耗费财力远行,显然非明智之举。这是图虚名而受实害,皇上千万不能这样做。"李世民听他这么一说,便打消了封禅的念头,一直到死,也没有登过泰山。

据载,魏征前后进谏200余项,对唐朝的政治稳定起了很大的作用,深得李世民的喜爱,认为他是第一大功臣,是自己为政的一面镜子。魏征死后,李世民痛失了一面能够照出自己缺点的镜子。

李世民也不是臣下说什么就听什么,他也是有主见的。有人建议:"现在外族臣服,边境安定,确实是过去所没有的,但外族无信,说不定什么时候就会侵扰我们。为子孙后代着想,请沿边防线修筑长城,以防外族入侵。"

李世民说道:"秦始皇修长城,以备匈奴南侵,目的是为了让自己的子孙万代永保江山。但因修长城滥用民力，引起百姓造反，导致秦朝灭亡，长城并没有保住他的统治。隋炀帝劳役百姓，修长城以备突厥，结果突厥还是常常入侵，长城并没有起到防御作用。"

提建议的人又说："对边境的防卫总不能不管呀。"

李世民则说："我一方面让百姓衣食充足，安居乐业，一方面派武将镇守边疆，保卫国土，这实际上就是在修长城，而且要比那种实物的长城不知要管用多少倍。"

李世民当了23年的皇帝，年号贞观，在这段时间里，国家政治清明，人民安居，社会安定，是我国历史上较为强盛的时期，史书把这一时期叫作"贞观之治"。

敢于谏言的魏征

魏征（580年—643年），字玄成。汉族，巨鹿人（今河北邢台市巨鹿县人，又说河北晋州市或河北馆陶县），唐朝政治家。曾任谏议大夫、左光禄大夫，封郑国公，以直谏敢言著称，是中国史上最负盛名的谏臣，享有崇高的声誉。

魏征提出的"兼听则明，偏听则暗""居安思危，戒奢以俭""宽仁天下"等主张对后世也有很大的影响。著有《隋书》序论，《梁书》《陈书》《齐书》的总论等。其言论多见《贞观政要》。

隋朝末年，伴随着风起云涌的农民起义，隋王朝的统治堤坝迅速垮塌。此时，饱读诗书、素怀大志的魏征决心投奔义军，想用自己的一腔热血和智慧去建功立业。但终因客观条件的限制，其文韬武略难以得到施展。即使是在李建成府上任洗马期间，他的满腹经纶也未能被发掘，许多建议也未被采纳和接受，以至于玄武门事变李建成被诛之后，作为先太子的僚属，面对李世民的厉声喝问和殿前武士的巨斧利刃，魏征毫不畏惧，慷慨陈词："如果先太子听从我的劝告就不会出现今天的结局。"这不能不让人在赞叹他的忠贞耿介之心的同时，也强烈地感受到了他对自己怀才不遇、壮志未酬的愤懑和遗憾。也恰恰是这一点，赢得了李世民的欣赏和垂爱，不仅赦免了他，而且委以重任，由此拉开了君臣之间"契协云龙，义均鱼水"的序幕。

李世民之所以不计前嫌，除了看中魏征所具有的忠贞不贰、直言敢谏的品格和贯通古今的才学之外，更重要的是他心里明白，自己大位初登，国家百废待兴，如果没有一批有真才实学、敢讲真话的"左膀右臂"支持辅佐，终将一事无成。正是从这个意义上说，李世民重用魏征，是他顺应时代发展的要求，为开创千秋大业而做出的历史性选择。实践证明，自被李世民授任谏议大夫起，魏征在此后十几年的御前生涯中，先后向李世民谏陈200余事，而且多被采纳并付诸实施。

魏征的标志性符号：直谏

魏征言辩的特点是：

1.立足当前，以古为鉴。魏征谏言常常是面对现实，以古论今，对皇帝的言行很有矫正作用。

2.围绕焦点，反复谏述。魏征谏言的核心，归纳起来是人君如何求谏和择官用人。他认为"自古帝王，在于忧危之间，则任贤受谏"。因此，他常常提醒唐太宗要"兼听"。为了达到目的，他旁征博引，反复谏述，令太宗折服。

3.直言激切，坦诚以照。魏征进谏立足于国计民生，心怀坦荡，言辞恳切，十分诚挚。能做到犯而有诚，直而不暴。以至唐太宗自己也说："贞观之后，尽心于我，献纳忠谠，安国利人，成我今日功业，为天下所称者，惟魏征而已。"

魏征是自古以来杰出的谏官代表。他"事有必犯，知无不为"，即使是李世民发怒之际，他也敢面折廷争。贞观二年，许多地方发生蝗灾，甘肃一县令盗用官粮。李世民闻奏大怒，下令处斩。魏征认为罪不当斩，三次抗驳诏命。贞观三年，李世民曾下令免除关中地区租税两年，但不久又决定已经交纳的就从明年算起。魏征认为朝廷如此出尔反尔，失信于民。因此不顾太宗的震怒，几次拒绝在通告上签字。

一次，唐太宗怒气冲冲地回到后宫对皇后长孙氏说，总有一天，要惩罚他。长孙皇后忙问惩罚谁，太宗说，魏征常常在朝堂上当众刁难他，使他下不了台。皇后听了,连忙向太宗道喜说,魏征之所以敢当面直言,是因为陛下乃贤明之君啊!明君有贤臣,欢喜还来不及,怎能惩罚呢?太宗恍然大悟,此后更是励精政道,虚心纳谏,对魏征倍加敬重。魏征也进谏如故,"思竭其用,知无不言",从不畏龙颜之怒。于是,君臣合璧,相得益彰,终于开创了大唐"贞观之治"的辉煌盛世。

由于魏征能够犯颜直谏,即使唐太宗在大怒之际,他也敢面折廷争,从不退让,所以,唐太宗有时对他也会产生敬畏之心。有一次,唐太宗想要去秦岭山中打猎取乐,行装都已准备妥当,但却迟迟未能成行。后来,魏征问及此事,唐太宗笑着答道:"当初确有这个想法,但害怕你又要直言进谏,所以很快打消了这个念头。"还有一次,唐太宗得到了一只上好的鹞鹰,把它放在自己的肩膀上,很是得意。但当他看见魏征远远地向他走来时,便赶紧把它藏在怀中。魏征故意奏事很久,致使鹞鹰闷死在太宗怀中。

贞观中期以后,李世民渐渐表现出"忘本"(忘记以民为本)"忘危"(忘记隋亡教训)的苗头。对此,魏征于贞观十一年"频上四疏,以陈得失"。特别是《谏太宗十思疏》,规劝李世民按照仁君治国理政,应当遵从的十条规范对照反省自己。两年后,魏征又上《谏太宗十渐不克终疏》,直截了当地对李世民近年来放松自我要求,不能从严治政的十种表现进行了分析,并提醒他"傲不可长,欲不可纵,乐不可极,志不可满"。

魏征体国情深的"双十上疏",集中代表了他治国安邦的政治见解。唐太宗也深知魏征的用心,所以气话说完回过味来,也不得不慨叹:安国立民,犯颜直谏,唯有魏征。

贞观十二年(638 年),太宗有一次大宴群臣,他又问道:"诸位爱卿,你们说说,是创业难啊还是守业难呢?"

尚书左仆射房玄龄回答说:"隋末天下大乱,群雄竞起。陛下身经百战,历经重重危险,才打下今日江山,这么说来自然是创业更难。"

魏征回答说:"帝王刚开始创业的时候,都是天下大乱。乱世方显英雄本色,也才能获得百姓的拥戴。而得天下之后,渐渐有了骄逸之心,为满足自己的欲望不断滥用民力,最终导致国家衰亡。以此而言,守业更难啊。"

太宗总结说:"玄龄当初跟朕打天下,出生入死,备尝艰苦,所以觉得创业难。魏征与朕一起治理天下,担心朕生出骄逸之心,把国家引向危亡之地,所以觉得守业更难。现在创业时期的困难已经成为往事了,守业的艰辛,朕跟大家一起谨慎面对吧。"

群臣都贺:"陛下能这样想,真是国家之幸、百姓之福啊!"

而贞观十五年(641年),太宗再次提出守天下难易的问题,魏征说:"守业很难啊。"太宗反问:"只要任用贤能之人,虚心接受进谏,不就可以了。为何说很难呢?"魏征进一步作了发挥,说:"看看自古而来的帝王,在忧患危险的时候,往往能够任贤受谏。但到了天下安定之时,必定会懈怠,这样日积月累,问题渐渐出现,最终导致国家危亡。这也就是居安思危的道理所在。天下安宁还能心怀忧惧,岂不是很难吗?"

其实,创业与守业,打天下与治天下,是历史上经常被讨论的有关君道政体的一个重要话题。辩证地看,创业与守业是同样艰难的。创业时期的出生入死,需要顽强的意志和坚韧不拔的精神。等到战胜了所有的敌手建立了新政权之后,从艰苦的战争年代走过来的人,似乎还有想想都后怕的感慨。正如太宗所说,房玄龄经历过战争的艰苦,九死一生,所以知道创业的艰难。但是,在新政权建立起来之后,如果还躺在过去的功劳簿上睡大觉,变得骄傲自满,放纵自己的欲望,不再关心人民疾苦,就会引起新的社会矛盾,导致政权的衰亡。魏征认为,打天下还存在着"天授人与"的机遇,只要顺应时势人心,就一定能够取得胜利,而治天下就必须始终保持谨慎的头脑,不能对个人的欲望有丝毫的放纵,这才是最难的。魏征死后,太宗恸哭长叹,说出了那句千古名言:"以铜为镜,可以正衣冠;以古为镜,可以知兴替;以人为镜,可以明得失……魏征殂逝,遂亡一镜矣。"他还令公卿大臣们把魏征遗表中的一段话写在朝笏上,作为座右铭,以魏征为榜样,做到"知而即谏"。君临天下的皇帝,对一个老臣竟倚重、倾心如此,这在历史上的确并不多见。

魏征直谏的基础:正己

常言道,伴君如伴虎。李世民作为至高无上的皇帝,也难免有生气和犯糊涂的时候。魏征先后上疏200多件,即使是倍加小心,也难免百密一疏,况且又给过李世民那么多难堪,所以受冷遇、遭训斥甚至被威胁杀头的事也是常有的。可他批评皇上的底气一直没有受到影响。其原因在于他自己虽然身居高位,但是却能做到一身正气,两袖清风。正因为如此,当他被人嫉妒,并有人告歪状说他结党营私时,他能心地坦然,神色不变。李世民捎话让他注意检点言行,免得别人议论。他理直气壮地说,如果只顾注意言行细节而不主持公道,那么国家的兴亡就很难说了。还有人说他侍奉过的三个主子都先后灭亡了,挑拨太宗不要重用他,李世民则反驳说,那并不是魏征的错,而是因为三人未能正确使用魏征。

魏征曾多次劝告李世民要时刻牢记隋亡的教训,戒奢倡俭,而他自己就是这方面的典范。他在朝为官20多年,被封为郑国公,赐位特进。举朝上下能享受到此等待遇的也没几个人。但令人难以置信的是,他的家居然简陋得连间接待宾客的正厅都没有。难怪李世民前来探视病中的魏征时也感到吃惊,慨叹偌大繁华京城里的国公府邸居然如此简朴。魏征过世后,李世民要赐其一品仪仗。身穿一袭旧粗布短衣的魏征之妻谢绝道:魏征一生俭朴,如此厚葬非其生前所愿。可见对于戒奢倡俭的主张,魏征不只是说给皇上听的,而且自己也身体力行。

评　价

魏征的贡献是历史性的。他富有创造性的包括经济思想、法治主张和文化观点在内的执政理念，和他切中时弊、持论雄辩的进谏艺术，忠于职守、鞠躬尽瘁的敬业精神，以及公道正直、宁折不弯的人格魅力，早已超出了历史时空的局限，形成了一种特殊但内涵却十分丰富的文化现象。

首先，魏征在政治方面的进步之处在于他的忠君思想和民本意识的统一。从李密到窦建德再到李建成，魏征曾三易其主，为他们出谋划策，他都自视为报效国家之举。辅佐李世民更是鞠躬尽瘁、死而后已，以至获得了当朝天子"敬之重之，同与师傅，不以人臣处之"的殊荣。但他的可贵之处是，在"忠君之事"的同时常怀爱民之心，或者说其忠君思想是以民本意识为基础的。

第二，直谏和善谏相结合。魏征以报效国家为己任，所以进谏从不转弯抹角、避重就轻。为此君臣二人曾发生过多次激烈争辩，但由于魏征每次进谏所讲的理由都很充足，所以争辩的结果大多是李世民接受劝谏，并且给予魏征某种嘉奖。

第三，魏征在做人与为官方面值得借鉴的是立德、立功与立言相得益彰。

古人把立德、立功和立言作为人生追求的三个层次。魏征作为谏官，在位时尽职尽责，勤奋敬业；身体不佳时主动退位，让贤于人，可谓坦荡无私，高风亮节。他曾被授任太子太师，最后被李世民尊为可以知得失的"人镜"，可见其德行操守几乎是无懈可击的。

开明敢为的松赞干布

青藏高原上,生活着一个勤劳勇敢的民族——藏族。他们的祖先吐蕃人,在唐朝时强大起来,并出了一位赫赫有名的领导者,就是松赞干布。

松赞是他的名,干布是后人对他的尊称,藏语为深沉有心计的意思。他是吐蕃王的独生子,从小就好学上进,文才武略都很出众,自信自己将是人间的主宰,一定会使吐蕃名扬天下。

在松赞干布很小的时候,他的父王被毒死,贵族发动大规模的叛乱,吐蕃王国面临着分裂的危险。13岁的松赞干布在这危急关头,登上了王位。他镇定地对付着动荡的局势,查处了毒死父亲的仇人,又组织力量,用3年的时间平定了叛乱,稳定了政局,瓦解了反叛的势力,使即将分裂的吐蕃王国恢复了平静。

迁都拉萨

平叛时,松赞干布曾到过拉萨,他见这里地域辽阔,土地肥沃,布达拉山险要易守,便喜欢上了这个地方。平叛后,他把都城迁到这里,将王宫修建在布达拉山上。吐蕃王国从此进入了一个新的历史时期。

原来的都城,地处吐蕃南部一角,对于抵御外敌,向北发展和控制整个青藏高原都不利。新都不仅在这一点上比较优越,而且这里的中小贵族衷心拥护松赞干布,全力支持他。可见,年轻的松赞干布很有政治远见。

迁都拉萨后，拉萨兴盛起来。许多原来依山而居的部落相继迁到这里，逐渐改变了游牧习惯，过上了定居生活。还有到这里来从事农业生产的，河谷平原上出现了大片农田。

松赞干布着手解除外族威胁。他首先派兵进攻势力较强的部族，实行宽大政策，只要向吐蕃称臣纳贡，就被允许保有自己的领地。这样，各种势力很快放弃了抵抗，归顺了吐蕃。

随着大部族的归顺，较小的部族也先后臣服吐蕃，吐蕃的东部领土开始与唐朝接壤，从此青藏高原处在了吐蕃的统一管辖之下。

联姻唐朝

松赞干布是个目光远大的人。在统一吐蕃过程中，已注意到高原之外的那个声威远播的强大唐朝。

当时，唐朝正值繁荣兴盛的贞观盛世，松赞干布仰慕唐的强盛和先进文化，便派使臣前往访问。唐皇李世民对吐蕃的情况早有耳闻，知道吐蕃是称雄青藏高原的强国，而他正准备对吐谷(yù)浑(今青海境内)用兵，也希望和吐蕃建立友好关系，于是很快派使臣回访，这样双方开始了交往。

松赞干布得知唐朝边疆一些部落首领和唐结了亲，便又派使臣带着大量的财物入唐请婚。唐和一些部落首领联姻，是从政治目的出发的，为了求得边疆地区的安定，许婚都是慎重的。今与松赞干布刚刚接触，没什么利害关系，联姻的政治意义不大，所以，李世民没有答应。

松赞干布求婚心情迫切，既是出于对唐文化的仰慕，也是想通过联姻抬高自己的身价，巩固统治地位。遭到拒绝的松赞干布十分恼怒，求婚使臣为推卸责任，推说是吐谷浑王破坏造成的，于是松赞干布发兵征讨吐谷浑，吐谷浑大败。松赞干布继续进兵，一直打到唐朝的边陲，并再次派人到长安求婚,扬言唐如不答应,就要带兵深入。此举引起唐皇的重视,遂派兵讨伐吐蕃,并很快取得了胜利。

失败使感情用事的松赞干布清醒过来,认识到以武力求婚是不行的,于是马上撤军,派使臣到长安谢罪,同时进一步求婚。经过这次战争,吐蕃的重要地位引起了李世民的重视,松赞干布的求婚诚意也打动了李世民,于是他宽恕了松赞干布的鲁莽行为,接受了他的求婚请求,同意将文成公主嫁给他。松赞干布很是高兴,派人带着礼品赶往长安迎亲,松赞干布的求婚终于成功了。

文成公主带着大队人马和丰厚的嫁妆,向吐蕃进发。一路上跋山涉水,晓行夜宿,在柏海(今青海扎陵湖)与前来接应的松赞干布会合。文成公主俊美的风姿、高雅的气度,使松赞干布爱慕不已。文成公主到达拉萨时,全城出迎,载歌载舞,如逢盛大节日。

文成公主到吐蕃9年后,松赞干布去世,但她没有离开吐蕃,一直和吐蕃百姓生活在一起。她为吐蕃百姓带去了谷物、蔬菜种子以及生产工具和书籍,还有各种工匠,向吐蕃百姓传授先进技术和工艺。聪明好学的吐蕃百姓掌握了这些新技术,学会了精耕细作和使用机械,使生产力水平大大提高。文成公主还带去了汉族的医术,在吐蕃百姓中产生了广泛的影响。直到今天,藏人还以感激之情传颂着文成公主的功绩。

联姻后,吐蕃和唐朝在相当长的一段时期里,保持着十分友好的关系,汉藏如同一家。李世民不断派使臣到吐蕃,带去许多财物和工匠。松赞干布也派贵族子弟到长安学习,把先进的汉文化介绍到吐蕃,唐诗在吐蕃贵族中开始流传,并深得他们喜爱,《易经》等文化典籍也译成了藏文。汉族的政治制度为松赞干布所效仿,成为他统治的借鉴。唐朝还册封松赞干布为驸马都尉、西海郡王,松赞干布十分高兴地接受了封号,表示效忠唐皇,随时听候调遣。从此,吐蕃实际上成了中华民族大家庭的一员。

松赞干布是个勇于求新的人。他以极大的热情学习和吸收外来的先进文化,大大加速了吐蕃社会前进的步伐。

建立军制

松赞干布即位前,吐蕃没有形成有效的集权制度,吐蕃王的权力很有限,只有在自己的直属领地内才有绝对的权威。松赞干布即位后,仿照唐的府兵制把吐蕃划分为数十个千户府,设千户长。出征打仗时,派出监军使,监督将领的行动,直接向吐蕃王报告。这样便使原来的地方军队直接和中央政权联系在一起,军权牢牢地掌握在吐蕃王的手里。只有吐蕃王才能调动军队,军队兵员有定额,地方首领不得随便增减,从而消除了原来那种地方军事割据的局面。

在吐蕃周边地区,松赞干布还采取了派兵驻守的戍边制度。戍边军队由节度使统领,节度使由吐蕃王指派。这一措施加强了吐蕃王对边地的统治,又使一些大贵族脱离了他们各自的领地,失去所依托的社会基础,削弱了他们的势力。松赞干布还建立了一支直属中央的精锐部队——禁卫军,有效地对地方实行军事控制,使得贵族无法组织可与吐蕃王相对抗的军事力量。整个吐蕃王朝时期,地方比较平静,偶有叛乱,也很快便被平定。

开元盛世的开创者——唐玄宗

玄宗李隆基生于洛阳,属相鸡,其人英明果断,多才多艺,知晓音律,擅长书法,仪表雄伟俊丽。唐玄宗712年即位,年号为先天,后改开元,再改天宝,756年退位,在位45年。唐玄宗开元年间,社会安定,政治清明,经济空前繁荣,唐朝进入鼎盛时期,后人称这一时期为"开元盛世"。

唐玄宗在位时采取的一系列有效措施使唐朝的政治、经济、文化都得到新的发展,超过了他的先祖唐太宗,开创了中国历史上强盛繁荣、流芳百世的"开元盛世"。

荣登帝位

李隆基出生的时候正是武则天主政要做女皇的时候,所以他小时候就经历了错综复杂的宫廷变故,这也许促使他形成了意志坚定的性格。他小时候就很有大志,在宫里自诩为"阿瞒",虽然不被掌权的武氏族人看重,但他一言一行依然很有主见。

在他七岁那年,一次在朝堂举行祭祀仪式,当时的金吾将军(掌管京城守卫的将军)武懿宗大声训斥侍从护卫,李隆基马上怒目而视,喝道:"这里是我李家的朝堂,干你何事! 竟敢如此训斥我家骑士护卫!"弄得武懿宗看着这个小孩儿目瞪口呆。武则天得知后,不但没有责怪李隆基,反而对这个年小志高的小孙子倍加喜欢。到了第二年,李隆基就被封为临淄郡王。

公元712年，睿宗厌烦了做皇帝的生活，把帝位让给了儿子李隆基，但是太平公主仍然掌握了朝政大权：朝廷三品以上官员的任免权和军政大事的决定权。睿宗的让位加剧了李隆基和太平公主的矛盾。双方都在积蓄力量，准备除掉对方。

在公元713年的7月3日，唐玄宗李隆基果断地先下了手，亲自率领兵马除掉了太平公主和她的手下骨干几十人，将倾向太平公主的官员全部罢官废黜，唐玄宗终于掌握了皇帝应有的权力。当年，唐玄宗把年号改为开元，表明了自己励精图治，再创唐朝伟业的决心。

开元盛世

选贤任能

唐玄宗虽然在清除太平公主之后，彻底巩固了皇权，但当时的形势不容乐观：兵变大大地伤了朝廷元气，吏治的混乱、腐败亟待治理。所以，唐玄宗表示要量才任官，提拔贤能人做宰相。在这方面唐玄宗还是有伯乐眼光的。如著名的宰相姚崇、宋璟、张九龄都是唐玄宗时期的宰相，著名大臣。

姚 崇

姚崇办事果断，他因为向唐玄宗提出了"十事要说"而被器重，做了宰相。"十事要说"，包括了勿贪边功、广开言路、奖励正直大臣、勿使皇族专权、勿使宦官专权等，唐玄宗基本上都按照姚崇的建议执行了。

对于皇亲国戚，姚崇也不进行照顾。当时薛王李业的舅舅王仙童欺压百姓，为非作歹，姚崇奏请唐玄宗批准后，惩办了王仙童。

姚崇还主持了开元初年对蝗灾的治理工作。当时在黄河的南北地区都发生了严重的蝗灾，蝗虫飞起来遮天蔽日，对庄稼的破坏异常严重。姚崇深知如果不能及时消灭蝗虫，不仅会导致经济的重大损失和百姓的灾难，而且也会影响国家稳定。他亲自指挥，下令各郡县要全力以赴消灭蝗虫,有功的进行奖励。在他的大力推动下,蝗灾没有再继续蔓延,很快被制止住了。

宋璟

姚崇之后是宋璟,他也很重视对人才的选拔任用,虽然他掌握朝政大权,但他决不徇私枉法,相反,对自己的亲属还更加严格地要求。一次,他的远房叔叔宋元超在参加吏部的选拔时,对主考官说了自己和宋璟的特殊关系,希望能予以照顾,弄个好官儿做做。结果被宋璟得知后,不但没有给他说情,反而特地关照吏部不给他官做。

张九龄

张九龄是广东人,当时的广东被称为岭南,还不是发达地区,犯罪的人也经常被流放到那里,以示惩罚。所以在人们眼里,那里是荒凉、艰苦的地方。出身于广东的人由于历代在朝中做官的很少,所以那里出来的人很难在朝中做到宰相这么高的官。但是张九龄却凭借着自己出众的才华被唐玄宗相中。

张九龄在做宰相之后,也像唐玄宗那样看重人的品德和才干,而不是看重其背景。在吏部参与选拔官吏时,他一直主张要公正选才,量才使用。同时,对于唐玄宗的过错,他也及时地指出,加以劝谏,不因为唐玄宗对自己有知遇之恩就隐瞒实情。

整顿吏治

唐玄宗不仅慧眼识贤相,还对吏治进行了整治,提高了官僚机构的办事效率。他采取了很多的有效措施:第一,精简机构,裁减多余官员,把武则天以来的许多无用的官员一律裁撤,不但提高了效率,也节省了政府支出,第二,确立严格的考核制度,加强对地方官吏的管理。在每年的10月,派按察使到各地巡查民情,纠举违法官吏,严惩不贷;第三,谏官和史官参加宰相会议的制度予以恢复。这本是唐太宗时期的一种制度,让谏官和史官参与讨论国家大事,监督朝政。到了武则天主政之后,提拔了许敬宗和李义府等人做宰相,有的事不敢再公开,因此将这种制度废除了;第四,重视县令的任免。唐玄宗认为郡县的官员是国家治理的最前沿,和百姓直接打交道,代表了国家形象。所以,玄宗对县官经常亲自出题考核他们,以确切地了解这些县官是不是真正地称职。如果考试成绩优秀,可以马上提拔,如果名不副实,也会马上遭到罢黜。

唐玄宗知人善任,赏罚分明,办事干练果断,这是他能开创开元盛世的主要原因。

治理边疆

唐玄宗不仅对内政进行了有效的治理,对于边疆也进行了卓有成效的治理,将原来丢失的领土重新夺了回来。

早在唐玄宗即位之前,北方边境已是危机四伏。在武则天做皇帝的初期,即万岁通天元年(686),契丹的李尽忠利用当时的民族矛盾,煽动部下反叛唐朝,而且攻占了营州。武则天派兵反击,结果失败。此后,在长安三年(703),安西地区的碎叶镇也被突厥攻占,致使丝绸之路断绝,严重影响了唐朝的声誉和外贸经济。

北方的领土在唐朝初年曾经统一,而且设置了单于、安北都护府,分别管辖长城内外到贝加尔湖的广阔地区。到了武则天主政以及做皇帝时期,突厥人经常骚扰边境,还攻占了蔚州(现在河北的蔚县)和定州(现在河北定县),迫使唐朝将安北都护府南迁。

改革兵制

为了重新统一北方,唐玄宗采取了很多措施,为收复北方领土做准备。这主要表现在对府兵制进行的改革。原来的府兵制由于均田制的破坏,农民逃亡,影响了军队的兵源。高宗和武则天时期,对于军事不太重视,到了唐玄宗做皇帝时,士兵逃跑现象极为严重,军队战斗力也很低,无法和强悍的突厥军队抗衡。

在公元723年,即开元十一年,唐玄宗接受了宰相张说的改革主张,建立雇佣兵。从关内招募到军士12万人,充当卫士,这就是"长从宿卫",也叫作"长征健儿",这次改革是从府兵制到雇佣兵制的转变,此后经过十多年的努力,玄宗将这种制度推广到了全国。这种制度使原来的府兵轮番到边境守卫的做法被取消,解除了各地人到边境守卫之苦。同时,这种雇佣兵还为集中训练、提高战斗力提供了保证。

繁荣经济

为了增加国家的收入,打击强占土地、隐瞒不报的豪强,唐玄宗发动了一场检田括户运动。当时的豪强霸占了农民的土地之后,称为"籍外之田",他们还将逃亡的农户变成自己的"私属",在土地和人口两方面逃避国家税收。

开元元年到开元十二年(713—725)之间,唐玄宗的检田括户运动收到了实效。他任命宇文融为全国的覆田劝农使,下设十道劝农使和劝农判官,分派到各地去检查隐瞒的土地和包庇的农户。然后把检查出来的土地一律没收,同时把这些土地分给农民耕种。对于隐瞒的农户也进行登记。这样下来,一年增加的客户钱就高达几百万之多。

通过这些有效的措施,唐玄宗使唐朝的经济又步入正轨,减轻了农民的负担,同时也增加了国家的财政收入,促进了国家经济的繁荣。

恢复北、西疆域

除了对兵制进行改革之外,唐玄宗还采取了其他很多的整军措施,如颁布了《练兵诏》，命令西北的军镇扩充军队，加强训练。同时，任命太仆卿王毛仲为内外闲厩使，全力负责军用马匹的供应，这使短缺的马匹及时得到了补充，提高了战斗力。另外，为彻底解决军粮问题，玄宗又命令扩充屯田范围，在西北和黄河以北地区大力发展屯田，增加粮食产量。

在做好了充分准备后，唐朝逐步收复营州等地，长城以北的回纥等族也自动取消了独立割据的称号，重新归附唐朝。安北都护府也恢复了，唐朝重新行使对长城以北土地的管辖权。

西域地区政权的恢复经历了两个阶段，第一个阶段是收复碎叶镇，第二阶段是恢复了丝绸之路。唐朝的威望在西域重新建立起来。

胸怀大志的周世宗

五代十国时期的后周,有一位著名的皇帝,他曾说:"如果我再活 30 年,就用 10 年统一天下,10 年安顿百姓,10 年整治国家。"可惜他壮志未酬,英年早逝。他在短短的执政时间里,开辟了一条统一全国的道路,奠定了北宋统一的基础。他就是周世宗。

周世宗名叫柴荣,是后周皇帝周太祖的养子。周太祖去世,他继承皇位。当时正是"五代十国"的大分裂时期,中原地区先后经历了后梁、后唐、后晋、后汉和后周五个朝代,在其他地方还陆续建立了 10 个独立的小国。周世宗早有统一全国的雄心,他一当上皇帝便着手统一全国。

高平战役

周世宗即位不久,北汉统治者勾结契丹贵族,联兵南侵,企图一举夺取后周政权。周世宗决定亲自带兵抗敌,以老臣冯道为首的保守势力却坚决反对。冯道说:

"皇上刚刚即位,天下尚未稳定,万不可贸然亲征。如今北汉势力强大,万一亲征失败,岂不贻(yí)天下笑柄。我看还是避一避为好。"

"北汉欺我年少,乘我之危,欺人何甚!我决意亲征教训他们一顿,让他们知道我不是好欺负的。"周世宗则坚持亲征。

"皇上的心情我理解,但是,皇上亲征,事关重大,尚无先例可循。"冯道还是反对。

“当年唐太宗打天下，哪次战役不是他亲自带兵，为什么我就不行！”周世宗以唐太宗自比。

“唐太宗是位明君，皇上不好与唐太宗相比吧。”冯道以老臣自居，并没看重周世宗。

“只要我们认真对待，打败北汉，势同以山压卵。”周世宗态度坚定，信心十足。

“不知皇上能否像山一样强大？”冯道完全丧失信心，出语不逊。

“此事我自有主张，不要再说了。”周世宗终止争论，对保守派的意见不予理睬，毅然亲征。

周世宗率军日夜兼程，在一个叫作高平的地方与敌军相遇。北汉人马众多，阵营齐整，以逸待劳，后周人数较少，又是急行军赶到，人困马乏，因此后周一些将领胆怯起来。周世宗毫不畏惧，镇定自若，在他的影响下，士气大振，士兵个个奋勇争先，齐心杀敌，结果大获全胜，北汉与契丹联军被彻底击败。

高平战役胜利后，周世宗又乘机整顿军队。他感慨地对大臣说：“现在军队人数不少，战斗力却不强，军队成了躲避劳役的地方，当兵的打仗不行，吃粮却不少。现在100个农民也不能养活1个兵，因此不能用百姓的血汗去养活无用的人。兵在精，不在多。精兵裁冗，势在必行。”于是裁去老弱的士兵，招募年轻力壮的人充实军队，申明军纪，严格训练。

求贤纳谏

周世宗为寻找治国的办法寝食不安。他求贤若渴，从谏如流。常说：“兼听则明，偏听则暗。你们进谏，我不采纳，是我的过错；我要你们进谏，你们不讲，是你们的过错。讲错了无妨，言者无罪。”他规定大臣要随时上书言事。

有一个县令犯了贪污罪。周世宗气愤地对宰相说：

"做父母官,应当体察民情,爱护百姓才是。他却贪赃枉法,你们审理一下,将他斩首,以儆效尤。"

宰相则认为:"贪赃枉法固然有罪,但按法律不是死罪,不应斩首。"

周世宗厉声说:"自古法律就是防止作奸犯科的,杀个贪官,有什么不行!"

宰相申述说:"皇上下令处斩,应当立即执行。但现在皇上没有下令立即执行,而是让有关部门审理。依法审理,则不该处斩,我作为大臣,无权签署处斩的命令。"

"既然如此,就依法行事吧。"这样,由于宰相的劝谏,周世宗接受了建议,那个县令免于一死。

周世宗重视人才,总是录用、提拔德才兼备的人。有一次,他准备提升出身卑微的魏仁浦当宰相。有人反对说:"魏仁浦不是举人出身,不能当宰相。"周世宗反问道:"自古以来有才能的宰相,难道都是举人出身吗?"他力排众议,破格任命魏仁浦为宰相。

统一之战

周世宗立志要统一中国,他对大臣们说:"我连吃饭睡觉都在考虑国家统一的问题。自唐末以来,州郡不听朝廷号令,国家散乱不一,要统一国家必须改革政治,争取百姓支持,先易后难。"于是制定了先取南唐,再攻契丹和北汉,最终统一全国的战略方针。

南唐占有长江南北大片土地,然而政治腐败,生灵涂炭。周世宗利用这个机会率军攻取南唐,军队很快就推进到南唐的寿州(今安徽寿县)城下。由于所到之处,宣布免除一切苛捐杂税,因而赢得了当地百姓的欢迎和支持。周世宗冒着箭雨,指挥作战,士兵看到皇帝勇敢无畏,士气大振,打得南唐军队连连后退。寿州城很快被攻了下来。

周世宗在寿州城举行了规模盛大的受降典礼,并开仓济贫。随后,率军抵达长江岸边,直接威胁南唐都城。南唐国主慌忙派人讲和,表示臣服。

周世宗统一全国的最大障碍是契丹。当周世宗进攻南唐时,契丹贵族乘虚入侵,这样,解除契丹的威胁就成了当务之急。因此在南唐臣服后,周世宗便挥师北上,直抵契丹边境。

当时契丹皇帝昏庸无能,不理政事,整天饮酒作乐,昏昏欲睡,百姓都称他为"睡王"。他实行高压政策,弄得臣民怨声载道,纷纷南逃,盼望后周军队早日来解救他们。

周世宗抓住有利时机,亲率军队,深入敌后,与数倍于己的敌骑战斗。随行的将领有些害怕,而周世宗却非常镇定,把契丹军队打得节节败退。短短42天,就收复三关,得3州17县。

周世宗在行营召集将领开会,商议继续深入的办法。将领们觉得契丹骑兵可怕,不敢攻打,便借口说:"皇上离京42天,不损兵,不折将,攻城夺地,这是最大的成功。现在敌人势力仍很强大,我军不宜深入。"周世宗听了很不高兴,说道:"我们稍获胜利就停止前进,岂不前功尽弃!你们不要害怕,我们必胜,请大家随我进军。"于是督军前进。

在进军途中,周世宗得了急病,军队不得不停顿下来。但周世宗却不肯退兵,打算病好后继续北上。然而,病情日益恶化。大臣们站在他的床前,劝说道:"皇上在外,京中无主,一旦发生事端,实难应付。况且皇上身体欠安,万一有所不测,国家无人托付,后果不可想象。"周世宗不同意大臣们的意见,怎奈重病在身,只好下令回师。

回京不久,周世宗便逝世了,时年39岁。周世宗以很短的时间,就收复了大量的失地,这确实是很了不起的战绩,特别是他为统一天下而做的努力,是当时一般统治者所做不到的。周世宗作为一个皇帝,敢于改革政治,善于求贤纳谏,努力争取统一,对历史的发展起了促进作用,是值得称道的。

重整山河的赵匡胤

五代十国时期,天下大乱,饱尝战争苦难的人们,渴望安定和统一。在时代需要面前,后周的一位大将脱颖而出,以其杰出的政治才干,建立了宋朝,重新统一了中国,开创了北宋近170年的基业,他就是赵匡胤(yìn)。

赵匡胤就是宋太祖,出身于官僚世家,但在那个年代,即使是这样的门第也无法为他安排下锦绣前程。他只好凭借自己的才能寻求出路,终于被后周皇帝柴荣看重,当上了皇家军队的最高统帅——"殿前都点检"。

陈桥兵变

柴荣死后,他7岁的儿子继位。皇帝年幼,政局不稳,人心浮动。恰在这时,北方边境事起,朝廷派赵匡胤出征抗敌。赵匡胤于是调兵遣将,率军出发。

队伍走出城门,一个自称通晓天文的小军官,声称他看到太阳下面又多出了一个太阳,说要重新立一个皇帝。这样,重立天子的舆论,很快便在军中传开了。

当晚,大军到达陈桥驿。将士思变,纷纷聚在驿门前,对里面的赵匡胤叫喊:"我们冒死杀敌,可是皇上年幼,怎么能知道我们的功劳,还不如

先立殿前都点检为皇上,然后再北征也不晚。"赵匡胤闻声出来劝阻说:
"杀敌保国乃军人天职,皇上虽然年幼,但朝廷是不会忘记你们的,大家
抗敌成功,自然会获得功名。"赵匡胤把他们请到驿门内,设宴劝说,表示
不能从命。劝了一会儿,赵匡胤自己先被灌醉,迷迷糊糊地被人扶进屋
里睡觉去了。

第二天天刚亮,赵匡胤就被叫醒,将士们手握刀剑,大声地对他说:
"国家无主,我们愿保举殿前都点检为皇上。"赵匡胤还没来得及回答,大
家便把一件黄色龙袍披在了他的身上。众将士跪拜高呼"万岁",声传
数里。

赵匡胤见兵变已成事实,便说道:"这可是你们强拉我当皇上的,因
此你们得听从我的命令,不听的话,我就不干。"众将士齐声高呼:"愿意
听命。"赵匡胤说:"不许你们劫掠百姓,骚扰官府。听命者,有赏;不听命
者,立斩不赦。"随后率师还京。

部队入城,秋毫无犯,市容不惊,军事政变几乎没有遇到抵抗。朝廷
大臣见大势已去,便跪拜赵匡胤,口称万岁。赵匡胤召集文武百官,举行
了登基典礼,改国号为宋,宋朝宣告建立。

统一天下

宋朝刚建立,政局不稳,矛盾重重。赵匡胤为防止后周势力结盟反
抗,采取了优待后周旧臣的策略,一边封以高官,授以实权;一边严加防
范,出事决不姑息。后周旧臣感到政治地位有了保障,便对新政权由狐
疑转为拥护,消除了"一朝天子一朝臣"的恐惧心理。

新政权初步稳固,赵匡胤开始考虑下一步如何统一天下的问题。为
这事,他终日焦虑,坐卧不安。

一个大雪纷飞的夜晚,赵匡胤苦思用兵方略,难以入睡。带随从去

敲相府的大门，宰相赵普迎出门来，见皇帝站立在风雪之中，异常吃惊，连忙迎进相府。

"雪下得这么大，皇上前来有什么要事吗?"赵普急忙问道。

"我正考虑统一天下的事情，反正睡不着，来找你商量一下。"

"皇上真勤勉，天这么冷，雪这么大，还来我这里商谈政事，叫我这做大臣的真是汗颜啊。"

"如何统一天下是件大事，不能不认真对待呀。什么时候计划制定出来，什么时候我才能安下心来。"

"统一天下是长久大计，皇上不要太着急。只要皇上身体安康，统一天下是完全可以做到的。"

"我的身体没问题，不要多虑，还请宰相谈谈自己的想法。"

"统一天下的事我一直在考虑。"赵普想了想说道，"如果我们先打下北方，就会受到辽朝的威胁，不如先平定南方，回过头来打北方。小小北方割据势力，不过像弹丸一样大，晚一点收拾也跑不了。"

听赵普这么一说，赵匡胤露出了笑容，说道："我们想到一块儿去了。"

经过反复酝酿，赵匡胤确定了统一天下的"先南后北"战略。付诸行动后果然成功，从而结束了延续数十年之久的分裂割据局面。除了辽和边疆几个少数民族政权外，中原地区和南方广大区域，重新得到了统一。

收夺兵权

鉴于五代政权走马灯似的频繁更换，赵匡胤苦苦思索，如何才能保住新政权，不让它夭折。

兵骄则逐帅，帅强则叛上，这是五代以来的恶习。五代皇帝多由地方军阀夺位而来，而地方军阀大都由禁卫军将领升迁，赵匡胤正是这样当上皇帝的，深知其中奥妙。为防备地方军阀或禁卫军发动政变推翻他，他巧妙而果断地解除了禁卫军将领的权力。

一天，赵匡胤召集亲信大臣入殿赴宴。酒过三巡，赵匡胤对大家说：

"我没有你们的扶助，哪能当上皇上？你们的功劳，大得无量。可是皇上难当啊！自从当上皇上，我没睡过一宿的安稳觉，还不如当个地方官自在快乐。"

"皇上的话怎讲？"大家忙问。

"皇上谁不想当？"赵匡胤平静地说，"今天大家拥戴我，我就是皇上，明天大家拥戴别人，别人就是皇上。皇上不好当呀，整天提心吊胆，防着别人推翻自己。"

"皇上为何说这样的话？"大家急忙起身离座，叩头说道，"皇上登基，君临天下，此乃天命，现在天命已定，谁还敢有二心？"

"你们无二心，不见得各位部下无二心，有人把黄袍加在你们身上，你们不想干，行吗？"赵匡胤说道。

听赵匡胤的一番话，大臣们吓得哭了起来，一个个叩头乞求："请皇上可怜我们，指给我们一条出路。"

"人生短暂，转眼百年。"赵匡胤长叹一声道，"追求富贵的人，不过是想多积蓄点钱财，尽情享受，让子孙过好日子。各位何不放弃手中的兵权，买一些好地好房，置下家业。我再和你们结成亲家，君臣无猜，上下相安，不更好吗？"

大家听罢，连连拜谢而退。

第二天，好像事前约好似的，一个个都病倒了，纷纷请假不上朝。赵匡胤很高兴，赏赐他们钱物，免去他们职务，打发他们回乡安度后半生。史书上把这件事叫作"杯酒释兵权"（"释"是解除的意思）。

过了一段时间，又有一些地方官朝见赵匡胤。赵匡胤在御花园举行宴会，招待他们。他说："你们远道来看我，受累了。你们是国家的老臣，至今仍为国家操劳，我于心不忍，真想让你们卸下重担，享享清福。"

有个聪明的地方官马上接话道："无功而受皇上恩泽，问心有愧，皇上让我告老还乡吧。"有个地方官不知趣，唠唠叨叨地自我夸耀，历数自己的功劳。赵匡胤听得直皱眉头，说："陈芝麻烂谷子，提它干什么！你们要为朝廷着想，能干就多干点，不能干就退下来休息，这是立新功。"

第二天，赵匡胤就把这些地方官的兵权全部解除了。

赵匡胤还建立新的军事制度，从地方军队挑选精兵，编成禁卫军，由皇帝直接控制，地方官也由朝廷委派。通过这些措施，新建立的北宋王朝终于稳定了下来。

重文轻武

五代时期，与武人专权相适应，形成了重武轻文的风气。武官掌权，文官虚设，连文职宰相也形同点缀，重武轻文的结果，是学校不兴，文教日衰，朝纲混乱。

赵匡胤扭转了重武轻文的风气，杜绝了武将拥立天子的现象，推动了宋代社会的发展。

赵匡胤刚即位就开设文馆，聘用文人，培养人才，鼓励教化。他明白读书人的重要性，尊重读书人的人格，还把自己儿时的启蒙老师请到朝廷来做官。五代时期学校大多荒废，他下令拨款修建校舍，派有地位的官员掌管国子监，聘请有名望懂历史的人到国子监任教。还给太学生送去饭食，以示尊重教育。

赵匡胤用文人担任朝廷官员，宰相也由文人做，不用武人掌管政权，他不止一次地对臣下讲："国家能否兴旺，与文化教育有关，做宰相的一定是读书人。"赵匡胤重文轻武的主张，被宋朝皇帝奉为祖宗定例，代代相传。

重文轻武需要文人，文人从哪里来？主要途径是科举考试。赵匡胤改革科举制度，规定不论家庭贫富，出身贵贱，都可以应试。还确立殿试制度，赵匡胤亲自主持殿试，他说："从前考中的人，多为世家豪门子弟，出身贫寒者极少。如今我亲自主持考试，没有才学，无论谁家子弟，一概不予录用。"从此以后，殿试成为定制，一直延续到科举制度取消。

经过这番整治，许多有才能的书生，走上仕途，当上政府官员。考场代替战场，人们视中状元的书生，比凯旋的将军还荣耀。一时间出现了"万般皆下品，唯有读书高"的风气。

赵匡胤重文轻武，原是针对重武轻文而来的，具有相对性，不是对武人一概歧视。因此他用人不问资历，不论文臣还是武将，从不求全责备，只要有才能，便给予重用。

忧国忧民的范仲淹

当人们读到《岳阳楼记》"先天下之忧而忧,后天下之乐而乐"这句话时,无不为作者以天下为己任的远大政治抱负所感动。它的作者就是被朱熹赞誉为有史以来"天地间第一流人物"的范仲淹。

范仲淹是北宋著名的宰相,他为官清廉刚正,不论在朝廷还是在地方任职,都敢于针砭时弊,为民请命。他一生做了许多有益于百姓、有益于社会的事情。

少有大志

范仲淹小时候,生活贫苦,曾在庙里寄宿读书。他常常煮一锅粥,凉了后分成两份,撒上一点韭菜末和少许食盐,早晚各吃一份,聊以充饥。有时连这也不能保证,就饿着肚子学习。尽管这样,也没影响他学习的热情,仍然日夜苦读。夜晚疲倦了,他就用凉水洗把脸,清醒一下,再继续学习。寒来暑往,一晃便是3个年头,在学业上取得了很大的进步。但他并不满足,渴望到更广阔的天地里去寻师求教,增长见识,长大干出一番事业来。

于是范仲淹来到了南京,进了著名的应天府书院学习。在这里,他眼界大开,如饥似渴地学习。有一次,真宗皇帝朝拜太清宫,路过南京,整个南京城都轰动了。同学们争先恐后去看皇帝,只有范仲淹闭门不出,埋头读书。有个要好的同学跑来叫他:"快去看,这可是千载难逢的机会,千万不要错过呀。"范仲淹只说了一句:"将来再看也不迟。"便又继续读他的书。

经过刻苦学习,范仲淹磨炼了意志,养成了刚直不阿的品格,成为精通儒家经典、博学多识的人,树立了以天下为己任的远大志向。

重视教育

范仲淹27岁时,考中了进士,当上一个地方小官。后来调动多次,都未离开地方,在地方一干就是20来年。他做地方官,特别重视教育,重视办学。他认为"国家最大的忧患是缺乏人才,治理国家得有足够的人才。而人才是靠学校培养的,因此必须办好学校"。他任苏州地方官时,买了一块地,准备盖住宅。有人说:"这是块宝地,今后您家一定会出公卿将相的。"范仲淹笑道:"我家独占宝地,倒不如让出来修建校舍,让学生在这里受教育,公卿将相不就会更多了吗?"范仲淹真的在这里办起了学校,聘请学识渊博的人任教,学校越办越好,饮誉东南。

由于范仲淹的建议,朝廷通令各地,根据实际情况建立学校,选拔人才。由于学校增多,学费低廉,平民百姓的子弟也可以念书。一时间,学校如雨后春笋般涌现出来。

范仲淹对有为的青年非常爱护和关怀。他在应天府讲学时,有一个叫孙复的学生,聪敏好学,很有培养前途,但因家中贫寒,只好中途退学,去谋生计。范仲淹知道后,马上拿出自己的钱,资助他上学。后来,这位学生终于成为北宋有名的儒学大师。范仲淹指教和帮助过的青年,有很多后来成了名人,在政治文化方面做出了很大的贡献。

范仲淹每到一处做官,都把当地的教育搞得有声有色,这在当时并不多见。他的名声渐渐传扬开来,受到朝廷一些开明人士的重视,因此被调到都城做了京官。

勇于直谏

　　进京后，范仲淹越发感到朝廷的腐败，他决心向守旧势力宣战，把多年思考的想法，写成洋洋万言的"上时务书"，呈奏仁宗皇帝，建议革除时弊，振兴朝政，制止挥霍国家财物。可是，此时的范仲淹还是个不起眼的小官，他的上书，被束之高阁，没有得到重视。

　　一年后，范仲淹的母亲病故，按当时习俗，需解职回家服丧3年。他人虽回到了家里，但心仍在朝廷，系念着国家的前途。他想，皇帝年岁太小，没有感觉到上次万言书的重要性，不如再写一份建议书，直接交给当朝宰相。可是他又顾虑服丧期间上书言事，有失居丧之道。况且，自己区区小官，指点国家大事，能起作用吗？然而，国家衰弱如此，实行改革乃燃眉之急，怎能因自己一时的私心，而置国家忧患于不顾呢？自己既为国家赤子，就有责任为富国强兵，振兴朝政而尽责。于是毅然写了一份"上执政书"，呈给宰相，但仍未被采纳。不过，由于他的上书文笔优美，思路清晰，颇得朝廷赏识，很快就被调任为管理进谏之事的官员。

　　他敢讲真话，凡于国于民有利的，无不直言提倡，凡为害天下的，总要强诤直谏，毫不顾忌。结果，朝中奸臣把他视为眼中钉，连续贬了他三次。虽然三次被贬，但他反腐倡廉，革新政治的主张，却得到一些正直官员的拥护，名望不仅没有降低，反而越来越高。

推行新政

　　仁宗是北宋的第四个皇帝，传到他手上的这份家业，已经经营60余年了。60余年来政府机构越来越臃肿，军费开支越来越大，皇室挥霍无度。到他在位时，国家财政入不敷出，危机四伏。不少有远见的官员都担心国家的命运，连连请求皇帝变革。仁宗也害怕江山坐不稳，急忙下令把一贯主张改革的范仲淹从外地调回,任命为宰相。

范仲淹知道朝廷弊病太多,不可能一下子都整顿过来,准备一步步进行改革。但仁宗急于扭转危机,三番五次召见范仲淹,催促他:"为国尽心,不必多虑,把急需变革的事,赶快提出来。"并叫人为他独辟一室,放好桌子,摆上纸笔,让他马上写出变革方案来。见仁宗心急如焚,范仲淹坚定了变革的信心,很快便写成了著名的新政纲领《答手诏条陈十事》,提出 10 项变革措施。主要内容是:对官吏定期考核,按政绩好坏进行任免;严格限制大臣子弟靠关系得官;变革科举制度。还有几条是提倡农桑,减轻劳役,加强军备,严格法令等方面的措施。

仁宗正在变革的兴头上,范仲淹的方案一提出,立即批准实行。于是北宋历史上轰动一时的"庆历新政(庆历是仁宗的年号)"便在范仲淹的主持下开始了。

为了推行新政,范仲淹派出了一批干练的官员到各地检查督导。每当接到下边送上来的报告,他就打开地方官的名册,把不称职的官员名字勾掉。在他身旁的人看了心里不免有些不忍,就对范仲淹说:"范公呀,你这大笔一勾,可就得有一家人哭鼻子了。"范仲淹听了,严肃地说道:"一家人哭,总比一个地方的人哭要好吧。"

新政的推行使衰弱的国家有了起色。但好景不长,一些皇亲国戚,权贵大臣,纷纷闹起事来,散布谣言,攻击新政。一些原来就对范仲淹不满的大臣,天天在仁宗面前说坏话。

仁宗见反对的人多,便动摇起来,一年前还慷慨激昂、励精图治,现在却完全退缩回来。正好这时西北边境传来外族入侵的警报,仁宗借机把范仲淹派到了前线。范仲淹一走,仁宗便下令废除了新政。

范仲淹主持的庆历新政,坚持了不长时间,便以失败告终。但是他将社会可以变革的新思想,灌输到了人们的头脑里,为北宋后期王安石的变法铺了道路。

清廉仁厚的司马光

司马光初字公实,更字君实,号迂夫,晚号迂叟,司马池之子。汉族,出生于河南省光山县,原籍陕州夏县(今属山西夏县)涑水乡人,世称涑水先生。司马光是北宋政治家、文学家、史学家,历仕仁宗、英宗、神宗、哲宗四朝,卒赠太师、温国公,谥文正。他主持编纂了中国历史上第一部编年体通史《资治通鉴》。司马光为人温良谦恭、刚正不阿,其人格堪称儒学教化下的典范,历来受人景仰。

司马光砸缸

司马光出生于宋真宗天禧三年(公元 1019 年),当时,他的父亲司马池正担任光州光山县令,于是便给他取名"光"。司马光家世代官宦,其父司马池后来官至兵部郎中、天章阁待制,一直以清廉仁厚享有盛誉。

司马光深受其父影响,自幼便聪敏好学。据史书记载,司马光非常喜欢读《左传》,常常"手不释书,至不知饥渴寒暑"。七岁时,他便能够熟练地背诵《左传》,并且能把 200 多年的历史梗概讲述得清清楚楚,可见他自幼便对历史怀有十分浓厚的兴趣。

此外,还有一件事使小司马光名满九州。有一次,他跟小伙伴们在后院里玩耍。院子里有一口大水缸,有个小孩爬到缸沿上玩,一不小心,掉到缸里。缸大水深,眼看那孩子快要没顶了。别的孩子们一见出了事,吓得边哭边喊,跑到外面向大人求救。司马光却急中生智,从地上捡起一块大石头，使劲向水缸砸去，"砰！"水缸破了，缸里的水流了出来，被淹在水里的小孩也得救了。小小的司马光遇事沉着冷静，从小就是一副小大人模样。这就是流传至今的"司马光砸缸"的故事。这件偶然的事件使小司马光出了名，东京和洛阳有人把这件事画成图画，广泛流传。

贤德之人

宋仁宗宝元初年，年仅20岁的司马光考中进士甲科，可谓功名早成。然而，他却不以此自满自傲，而是豪迈地提出："贤者居世，会当履义蹈仁，以德自显，区区外名何足传邪。"这一席话反映出青年司马光不图虚名，立志以仁德建功立业。此后，他也一直朝这个方向努力。

司马光历来朴素节俭，不喜欢奢侈浮华的东西。考中进士后，皇上赏赐喜宴，在宴席上只有他一人不戴红花，同伴们对他说："这是圣上赏赐的，不能违背君命。"这时他才插上一枝花。这件事，到了司马光晚年，被他写进家训来教育他的儿子司马康要注意节俭。

此外，司马光对双亲特别孝顺。他被任命为奉礼郎时，他的父亲在杭州做官，他便请命要求改任苏州判官，以便离父亲近些，可以奉养双亲。

司马光还是一个有情有义的人。他担任并州通判时，西夏人经常入侵这里，成为当地一大祸患。于是，司马光向上司庞籍建议说："修筑两个城堡来控制西夏人，然后招募百姓来此地耕种。"庞籍听从了他的建议，派郭恩去办理此事。但郭恩是一个莽汉，带领部队连夜过河，因为不注意设防，被敌人消灭。庞籍因为此事被罢免了。司马光过意不去，三次上书朝廷自责，并要求辞职，没得到允许。庞籍死后，司马光便把他的妻子拜为自己的母亲，抚养庞籍的儿子像抚养自己的亲兄弟一样，当时人们一致认为司马光是一个贤德之人。

直谏忠臣

司马光秉性刚直,在从政活动中亦能坚持原则,积极贯彻执行有利于国家的决策方略。而在举荐贤人、斥责奸佞的斗争中,他也敢触犯龙颜,宁死直谏,当庭与皇上争执,置个人安危于不顾。

仁宗得病之初,皇位继承人还没确定下来。因为怕提起继位的事会触犯正在病中的皇上的忌讳,群臣都缄口不言。司马光此前在并州任通判时就三次上奏提及此事,这次又当面跟仁宗说起。仁宗没有批评他,但还是迟迟不下诏书。司马光沉不住气,又一次上书说:我从前上呈给您的建议,应马上实行,现在寂无声息,不见动静,这一定是有心机的人说陛下正当壮年,何必马上做这种不吉利的事。那些人都没有远见,只想在匆忙的时候,拥立一个和他们关系好的王子当继承人,像"定策国老""门生天子"这样大权旁落的灾祸,真是说都说不完。仁宗看后大为感动,不久就立赵曙为皇子,也就是后来的宋英宗。

赵曙并非仁宗的亲生儿子,只是宗室而已。司马光料到他继位后,一定会追封他的亲生父母。后来他果然下命让大臣们讨论应该给他的生父什么样的礼遇,但谁也不敢发言。

司马光一人奋笔上书说:"为人后嗣的就是儿子,不应当顾忌私亲。濮王应按照成例,称为皇伯。"这一意见与当权大臣的意见不同。御史台的六个人据理力争,都被罢官。司马光为他们求情,没有得到恩准,于是请求和他们一起被贬官。

司马光在他的从政生涯中,一直坚持这种原则,被称为"社稷之臣",宋神宗也感慨地说:"像司马光这样的人,如果常在我的左右,我就可以不犯错误了。"

政治眼光

司马光在政治上是一名守旧派，与主持变法的王安石发生了严重分歧，几度上书反对新法。他说新建的国家使用轻典，混乱的国家使用重典，这是世轻世重，不是改变法律。"而且治理天下，就好比对待房子，坏了就加以修整，不是严重毁坏就不用重新建造。"

司马光与王安石，就竭诚为国来说，二人是一致的，但在具体措施上，各有偏向。王安石主要是围绕着当时财政、军事上存在的问题，通过大刀阔斧的经济、军事改革措施来解决燃眉之急。司马光则认为在守成时期，应偏重于通过伦理纲常的整顿，来把人们的思想束缚在原有制度之内，即使改革，也定要稳妥，因为"重建房子，非得有良匠优材，而今二者都没有，要拆旧屋建新房的话，恐怕连个遮风挡雨的地方都没有了"。

司马光的主张虽然偏于保守，但实际上是一种在"宋常"基础上的改革方略。王安石变法中出现的偏差和用人不当等情况，从侧面证明司马光在政治上还是老练稳健的。

《资治通鉴》

司马光的主要成就反映在学术上。其中最大的贡献，莫过于主持编写《资治通鉴》。

著史，也是司马光从政治国的一种方式。1071年，王安石为相，在政见不同、难于合作的情况下，司马光请求担任西京留守御史台这个闲差，退居洛阳，专门研究历史，希望通过编写史著，从历史的兴衰成败中提取治国的经验。早在仁宗嘉祐年间（公元1056—1063年），司马光担任天章阁待制兼侍讲官时，看到浩如烟海的史籍，即使一个人穷其一生也是看不过来的。于是他逐渐产生了一个编写一本既系统又简明扼要的通史的想法,使人读了之后能了解几千年历史的兴衰得失。他的想法得到了好友——历史学家刘恕的赞同和支持。

宋英宗治平元年(公元1064年),司马光把自己创作的史书《历年图》二十五卷呈献给英宗,过了两年又呈上《通志》八卷本。英宗看后,非常满意,要他继续写下去,并下诏设置书局,供给费用,增补人员,专门进行编写工作。司马光深受鼓舞,召集了当时著名的历史学家,共同讨论书的宗旨、提纲,并分工由刘班撰写两汉部分、刘恕撰写魏晋南北朝部分、范祖禹撰写隋唐五代部分,最后由司马光总成其书,由其子司马康担任校对。

神宗即位后,认为《通志》比其他的史书更便于阅读,也易于借鉴,就召见司马光,大加赞赏,并赐书名为《资治通鉴》,说它"鉴于往事,有资于治道",还亲自为此书作序。写书所需的笔墨纸砚以及伙食住宿等费用都由国家供给,这给司马光提供了优厚的著书条件,同时也促进了这部史书的编修工作完成。到神宗元丰七年(公元1084年),此书终于完稿,这部书的编写修订前后共用了19年时间。

锐意变革的王安石

北宋时期出现了一位杰出的政治家，他为了挽救沉沦的国家，不顾保守势力的强烈反对，坚决推行富国强兵的政治主张，这就是被宋神宗认为"可用此'石'安天下"的王安石。

王安石，字介甫，进士出身。历任鄞(yín)县令、度支判官、礼部侍郎、文馆大学士等职，宋神宗时拜宰相，封荆国公，故世称王荆公。他勤于学习，读过许多书，善于把书本上讲的内容和社会实际结合起来，以此探索医治社会顽疾的"良药"。

治鄞有方

王安石考中进士后，被派往扬州的州衙做幕僚，不久调到浙江鄞县当知县。鄞县本是一个山清水秀的地方，但他上任的时候，已是今非昔比：灾情严重，庄稼歉收，百姓生活十分困苦。他到任伊始即用10余天的时间，跑遍全县14个乡调查情况，组织百姓兴修水利，防止水旱之灾，积极调动各方力量发展农业生产，传授农业生产技术，劝谕百姓重本务农。又从县衙拨出钱款，扩建政府粮仓，增加储备粮数量，在青黄不接的季节，借贷粮食给断粮农户，即所谓的"青苗法"。这样，一方面杜绝了富商和地主对断粮农户的重利盘剥；一方面也可以将政府粮仓所存的陈粮换成新粮，一举两得，利国利民。

在保证县内百姓衣食充足的基础上，他又大力发展教育事业，认为要想治理好国家，必须先培养人才，只有有了人才，才能将开明的统治措施推广开来，才能引导百姓走上安居乐业的道路。因此他把建立学校当作为政的一件大事来抓，号召官吏重视教育，创建"县学"，下令将当地的孔庙改作"县学"的校舍，招收有志于报效国家、为民出力的学子，并聘请有名望的学者任教。

鄞县经过王安石的治理，有了很大的改善，呈现出一片和乐的景象，老百姓赞美他是"与民贴心的父母官"。

上书言事

王安石做地方官成绩显赫，名声越来越大。仁宗皇帝见他处理政事有章有法，能够抓住问题的关键，颇具才干，便把他调到京城做管理财政的大官。

出于忧国忧民之心，他一到京城就向仁宗上了一封万言书，系统地提出了一套除旧布新，改革财政的主张。指出"应该以天下的力量来创造天下的财富，征收天下的财富来供应天下的消费。自古以来，太平盛世没有财富不足的大患，我们的问题只是治理财政不得法罢了。现在无论是朝廷还是民间均少有可用之人，应当注意培养人才。希望皇上能看到苟且因循的积弊，公开通告臣民，逐步革除顽疾"。后来王安石进行变革的措施，均来源于这封万言书。可是仁宗刚刚废除范仲淹的新政，一见王安石所谈均为变革之事，大为头疼，索性把他的奏折放在了一边。

神宗登基后，要有所作为，便想到了王安石，于是召见王安石入殿商讨治国大计。神宗对他说："人们都不了解你，认为你只知道研究经书，不懂世事。"王安石答道："研究经书正是为了处理世事，现在的儒家学人，大多是庸人，所以社会上习惯地认为，研究经书只是不实用的，是不能用来治理世事的。"神宗又问道："那么，你觉得应该怎样治理国家呢？"王安石说："改变风俗，确立法律制度，这是当前最急迫的事情。"神宗觉得他说的在理，便让他回去写个详细的变革计划书，以做参考。王安石当晚就写了出来，第二天呈给神宗。神宗见他写的变革计划书所言甚是，非常符合自己的心意，便越来越信任他了。不久就任命王安石为宰相，鼓励并支持他进行变革。

锐意变革

王安石当上宰相后，便毫不留情地罢免了一批昏官，大胆地提拔了一批有朝气有才干的年轻官员，并设立了一个专门制定新制的机构，为变革奠定了基础。从此，王安石以整理财政为中心，以富国强兵为目的，制定并颁布了一系列新法。

首先推行的是"农田水利法"：鼓励百姓兴修水利，开垦荒地。又将他在鄞县实行过的"青苗法"推行到全国，以抑制豪强地主的高利盘剥。实行"免役法"：重新测定个人财产，根据财产多少缴纳免除劳役的钱，政府用这些钱雇人服劳役。原来不服役的官僚、地主也要交钱，这样既增加了政府的收入，又减轻了农民的劳役负担。为了防止大地主兼并土地，隐瞒田产人口，实行"方田均税法"：丈量土地，核实土地数量，按土地多少、肥瘠收税。又实行"保甲法"：把农户组织起来，十家为一保，五十家为一大保，十大保为一都保。家里有两个以上成年男子的，抽一个当保丁，农闲练兵，战时编入军队打仗。

王安石为政一贯注意人才的培养。他不仅整顿了当时有名无实的国家最高学府太学，为变革培养人才，还废黜了以往只靠死记硬背取人的明经科（以学习了解儒家经典为内容），只设进士一科。还撰成融合变革新思维的《三经新义》，作为学生必读书目，考试题目也比较接近现实。

新法的实行，调动了老百姓的生产积极性，增加了国家财政收入，加强了国防实力。但变革触犯了大地主阶级的既得利益，遭到许多大臣的反对，朝野上下一片反对之声。支持王安石变革的神宗见此情景，动摇了，他把王安石叫去，问他："现在朝野上下议论纷纷，说我们不怕弄垮国家，不重视社会舆论，不遵守祖宗的规矩，你看这怎么办？"王安石坦然答道："皇上认真处理政事，正是为了防止弄垮国家，皇上征询意见，正是在倾听舆论。舆论也不一定对，只要我们做得在理，就不怕别人议论。至于祖宗规矩，本来就不是固定不变的。"神宗听他这么一说，心里又有了底儿，觉得变法还是应该的。

谁知过了没多久，河北闹了一场大旱灾，一连十个月没下雨，灾民流离失所。有一个叫郑侠的官员，趁机画了一幅"流民图"，献给正为这事发愁的神宗，说："旱灾是王安石变革引来的，罢免王安石，老天必然下雨。"此时的神宗也觉得变革可能真的有些问题，正打算停止变法。

王安石知道后，马上劝谏皇帝，说："发生旱灾是正常的事，即便是尧、舜也不能避免。这事不足以让皇上忧虑，只要想办法解决旱情就是了，这和变革没什么关系。我们现在要做的是治理好世事，加紧变革。"神宗说："这是件大事，我正愁世事没有治理好而人们怨叹，甚至说出不敬的话来。从我身边的大臣到皇后家族的人，没有不说变革有害的，尤其'免役法'，人见人怕，说明征收免役钱太重了。"王安石见皇帝这样说，便又说道："皇上所说是有道理的，不过，皇上听到的怨气儿，不是来自皇亲国戚就是左右大臣，总之都是您跟前的人，而绝大多数人的议论您是听不到的。有怨气的人，无非是咱们的新法触动了他们的私利，在他们眼里永远都是私利第一，根本不把国家大局放在眼里。别说现在遭了灾,他们要借题发挥,就是什么事儿也没有,他们也要找碴反对我们的新法。这些人越是反对,越说明我们的变革是正确的。"神宗见他变革态度这样坚决,也就同意再继续实行一段时间,看看再说。

一波未平,一波又起。一年后,天上出现了彗星,这本来是正常的自然现象,但在当时却被看作是不吉利的征兆,比旱灾还要严重。这一回神宗可慌了神儿,要大臣对朝政提意见。一些保守派便趁机攻击新法。王安石竭力为新法辩护,要皇帝不要相信那些说法,但神宗这回也觉得新法不能进行下去了。王安石见支持新法的皇帝变了卦,知道再怎么努力也是没有用的了,便毅然辞去了相职,回到少年时住过的江宁(今南京市),了度晚年。

在江宁,他把主要精力放在撰写《字说》上,阐述和确定字的新含义,并在字里行间赞美战国时期商鞅的变法,替秦相李斯辩解,又从另一个角度向旧思想提出了挑战。

诚心纳士的朱元璋

中国历史上有一位出身卑微的皇帝，他凭借自己出色的政治谋略，建立起巩固的政权，对于巩固和发展统一的多民族国家，做出了重要的贡献，他就是朱元璋。

朱元璋出生于濠州（今安徽凤阳）钟离县太平乡孤庄村一户贫苦农民家庭。元朝规定，百姓无职的不能起名，一般用父辈或父母年龄合算一个数目作为称呼，故朱元璋幼时叫重八。

朱元璋小时给地主放猪牧牛，16岁时父母及哥哥先后病故。孤苦无依的他，出家当了和尚。于是，孤庄村西南角的皇觉寺里，又多了一个干杂活儿的小和尚。天灾不断，庙里没饭吃，风餐露宿，世态炎凉，受尽了人间疾苦，但这也使朱元璋了解了社会，增长了见识。

不耻求教

朱元璋是位有头脑有思想的人物，他知道自己文化低，要打天下，必须向有文化、读书多、了解历史的人虚心求教。不管所求教的人地位有多低，只要有学问，有谋略，他都拜访学习。

有一年，朱元璋率军攻占了徽州，部队驻扎下来后，一个手下人向他推荐说："这里有一个叫朱升的人，精通经学，可以求教。"朱元璋一听，来了兴致，马上前往拜访。

一见面，朱元璋就感到朱升果然名不虚传，确有真才实学。朱元璋自我介绍道：

"我本起自乡间，是个普通百姓，如今为图大事，解民于倒悬。听说先生是有学问的人，今天特来求教。"

"客气，客气。"朱升见朱元璋是前来求教的，便谦逊地说，"我有何德何才烦劳大驾光临寒舍，实在不敢当。"

"先生这样说可就见外了。我是个粗人，没读多少书，只不过一心想为百姓做点事，还请先生指点一二，也好让我少走弯路。"

"既然这样说来，我们就共同探讨探讨吧。"朱升说道。

"就眼下这个形势看，先生以为我该如何行事？"朱元璋把话题一转，切入正题。

朱升看出朱元璋是可成大事的人，为求教亲顾茅庐，自己虽不敢同诸葛亮相比，倒也知道些历代兴亡的事情。于是答道：

"老朽冒昧，斗胆直言，您如要成就大业，有九个字需要注意。"

"哪九个字？"朱元璋急忙追问。

"高筑墙，广积粮，缓称王。"朱升脱口而出。

朱元璋听了朱升的话，略一琢磨，高兴地说道："听先生的话，莫不就是要办好军务，加强力量，注意耕作，发展农桑，缩小目标，计议从长吗？"

朱升没想到朱元璋对他的话理解得这么透彻，猛地一拍大腿，说道："对了，对了。果非常人，果非常人。"

朱元璋求得了计策，心中大喜。又与朱升叙谈了一会，便起身告辞。

朱元璋按照朱升的计策，认真实践，果然势力越来越强，地盘越来越大。

招贤纳士

朱元璋非常注意搜罗人才，只要能请来的，一定请来委以重任，不愿来的，就硬请。后来的御史中丞刘伯温，便是硬请来的。

占领江浙时,朱元璋问手下道:"江浙这地方,有没有有学问的人?"手下立即回答说:"有,刘伯温便是个很有学问的人,进士出身,聪明过人,又很廉正,可请来任用。"朱元璋听了,心中大喜,忙说:"快备银两,请他来。告诉他,就说我要给他一个官当当。"手下人立即派人前去聘请。

来人向刘伯温转达了朱元璋的意思,刘伯温不动声色,冷冷地说道:"请转告朱元璋,我已决定做隐士了,不想为官,银子我不要,请他另请高明吧。"

来人见他不从,只好向朱元璋复命,气愤地对朱元璋说:"我们好心好意备了银两去请他,他却不识抬举,分明是看不起我们。"

朱元璋心想,自己兵进江浙,军威日盛,如今礼贤下士,全凭一片赤诚,不想竟吃了刘伯温一个闭门羹,心中不免有些不快。但转念一想,当年刘备请诸葛亮,三顾茅庐,我这才请了一次,就沉不住气了,怎么能成大事呢!于是便心平气和地对手下人说:"俗话说,心诚则灵,只要我们诚心去请,不怕他不来。"

接着朱元璋又对手下人说:"我们军中有谁跟他认识?让熟人去请就好办了。"手下人说:"处州总制孙炎跟他熟悉。"

不一会儿,孙炎被找来了。

朱元璋对他说:"听说刘伯温挺有学问,我要请他当个官,他不愿来,这事儿就交给你办了,你一定要把他请来。"

孙炎一听要请刘伯温来做官,摇头道:"此人学问是有,可不一定好使唤。他过去当过元朝的官,没多久就辞职回家了,对我们也没什么好看法。

朱元璋听罢,笑道:"孙炎总制,请不必多虑。他当过元朝的官,又不满意我们,那都是过去的事儿了。过去的事儿,我们不必计较。常言道:用人不疑。我们想用他,就得先信任他,只要我们不疑他,他总会相信我们的。你给他写封信,以好言相劝,说我执意要请他来,我的官一定让他当一个。"

孙炎按照朱元璋的指令，写了一封长信，让人送给刘伯温。刘伯温心想："朱元璋真是成大事之人，如今执意要请我，一定是诚心用我，我不能再推辞了。"于是觐见朱元璋，并献了18条计策。

朱元璋见刘伯温果然是个人才，非常高兴，下令建造一座礼贤馆，让他住下，对他说："以后我夺取天下的大计，就仰仗先生了。"从此把他视为心腹。

后来，刘伯温果真成了朱元璋身边的著名谋臣，为朱元璋打天下，出了不少力，被誉为"当朝的诸葛亮"。

建立新制

朱元璋了解百姓疾苦，因而他建立政权后，便采取了与民休息的政策，多次减免赋税和对灾民进行救济，让百姓过上安稳的生活，积极恢复和发展生产。

朱元璋还让自己的儿子朱标亲自到农民家中去体验生活。他对朱标说："农业是国家的命脉，农民是国家的根本，我是农民出身，你没有种过田，不了解农民的疾苦，这对你没有好处，你要多接触农民。"

朱元璋还告诫朝廷的大臣们："农民身不离土，手不离锄，住的是茅草屋，穿的是粗布衣，吃的是野菜糙饭，国家的费用却要由他们提供。你们要知道农民的疾苦，取之于民要有节制，朝廷开销也要控制。"

朱元璋又下诏通令地方官们说："国家刚刚建立，百姓还很贫穷，就像刚刚会飞的小鸟，不可拔它的羽毛；刚刚栽植的树木，不可动摇它的根。现在要给予百姓的，就是休养生息。"

为治理好国家，朱元璋采取了一系列的措施。在中央机构方面，起初朱元璋延用元朝制度，设立一个全国最高的行政机构——中书省，最大的官员叫宰相。中书省下面又设了吏、户、礼、兵、刑、工六部，各部中最大的官员叫尚书。

当时的宰相胡惟庸，在朝中专权树党，排除异己，下面呈送的奏折，对己不利的，就扣留下来，不让朱元璋知道。想做官的人和失意的文武官员，都投奔到他的门下，他收的礼物不计其数。他阴谋反叛，幸亏朱元璋及时发现，镇压了他。这是明初第一大案，称为胡狱。经过这次事件，朱元璋深感宰相的权力太大，便借机废除中书省，取消宰相，全国行政均归六部掌管，六部直接对皇帝负责。由于取消相职，皇权大大提高了。

朱元璋还废除了元朝地方设立的统管军政大事的行中书省。把全国划分为 13 个省，每省的行政、司法、军队分别派人管理，直属中央。这样，三方可以互相制约，防止了地方专权现象的发生。

朱元璋认为法律是治国的利器，健全法律制度，才能使百姓安居乐业，中央与地方才能相安无事。因此他下令编定《大明律》，让学校老师首先掌握，然后教给学生，让他们率先尊行，作老百姓遵纪守法的榜样。

朱元璋顺应历史潮流，注重百姓生活，宽省民力，实行与民休息的政策，逐步加强了中央集权。这是他能够建立并巩固新政权的根本原因，也是他作为一名政治家的精明所在。

永乐盛世——明成祖朱棣

明成祖是明太祖朱元璋之子,初被封为燕王,1398 年起兵,经过四年内战夺了侄子的皇位。即位后五次北征蒙古,追击蒙古残部,缓解其对明朝的威胁;疏通大运河;迁都并营建北京,作为历史上第一个定都北京的汉人皇帝,他奠定了北京此后 500 余年的首都地位;组织学者编撰长达 3.7 亿字的类书《永乐大典》;设立奴儿干都司,以招抚为主要手段管辖东北少数民族。更令他闻名世界的是郑和下西洋,前后七次,最远到达非洲东海岸,沟通了中国同东南亚和印度洋沿岸国家的联系。明成祖可谓功绩累累的一代雄主。

少年时期

朱棣出生于元末的战乱时期。那时群雄并起,互相征伐。在朱棣出生时,朱元璋与陈友谅正打得不可开交,以至于连给儿子起个名字的工夫都没有。朱棣长大后被封为燕王,就藩北平。徐达的长女是朱棣的妻子,是他的贤内助。燕王是诸王当中势力最强的,在抵御蒙古诸部的侵扰中,他得到了锻炼,也初步展示了他的军事才能。

宫廷生活

在一般人看来,帝王子孙们的宫廷生活一定是非常幸福的。其实不然,除了物质生活富足以外,其他乐趣并不多,甚至可以说是枯燥乏味的。

1.参加朝祭

作为帝王的子孙,他们都要参加各种朝见和祭仪,都要一本正经,不能有半点儿戏。除此之外,就是跟随几个大儒一天到晚诵读儒家经典。只是他们偶尔到郊外走动时,才能目睹到一些民间的生活情趣。

2.习儒尊孔

另一项主要生活内容就是学习儒家经典了。朱元璋年轻时没机会上学,后来只是在马背上学了点文化,当他亲自撰写诏敕或什么祭文时,语句都是似通非通的。他为徐达墓撰写的碑文,谁也断不开句。朱元璋一生都为自己文化水平低而遗憾。因此,他十分重视对孩子们的教育。

朱元璋称帝的第一年,就在宫中修建了大本堂。作为太子和诸皇子学习的场所。堂中藏有大量历代图籍,供他们观览。此外还征聘各地名儒,轮班授课,教育太子和诸皇子。师傅都是满腹经纶的大儒,其中如宋濂,他前后十几年,向太子和诸王讲四书五经,讲封建礼法,一举一动都要合封建礼仪。

3.教育有方

如何教育这些皇子们,朱元璋对儒臣们提出了他的教育方针:"譬如一块精金,要找高明工匠打造,有一块美玉,也要有好玉匠才能成器。有好子弟,不求名师,岂不是爱子弟还不如爱金玉吗?我的孩子们将来是要治理国家的,各功臣子弟也要做官办事。教育他们的方法,最要紧的是正心。心一正,万事都能办好;心不正,各种欲望都来了,这是最要不得的。要教他们切实的学问,用不着像一般文士那样,只是会记诵辞章,没一点好处。"在朱元璋看来,学问重要,德性更重要。

4.师道尊严

在皇子们的师傅中,有一个叫李希颜的,原是个隐士,因名气高,朱元璋写了亲笔信把他征召入京,让他当皇子们的老师。在古代,私塾的老师手里都有个戒尺,学生不听话就要惩罚。因此,李希颜对皇子们很严厉。有一次,一个皇子不听话,被他用尺惩罚了。朱元璋见了很心疼,一时大怒,准备治李希颜的罪。马皇后在旁劝解道:"师傅教我们的儿子以圣人之道,哪里还能对师傅发怒呢?"朱元璋这才消了气,不久还让李希颜升了官。

5.言传身教

朱棣兄弟们除了接受师傅们的教育外,还要随时接受朱元璋的训诫。洪武元年(1368年)十二月的一天,朱元璋退朝回宫,趁朱棣兄弟们都在跟前,便指着宫中的一片空闲地对他们说:"这里并不是不可以建亭台楼榭,作为游玩场所,只是不忍心多费民财罢了。过去商纣王大造琼宫瑶室,结果使天下人都怨恨他。汉文帝曾想建露台,因怜惜一百两银子的费用,就没有建,所以当时国泰民安。你们以后要经常心存警戒啊!"

朱棣从他父皇那里接受的完全是封建正统教育。对此,朱元璋曾有一段明确的自白——"朕于诸子常切谕之:一、举动戒其轻;二、言笑厌其妄;三、饮食教之节;四、服用教之俭。恐其不知民之饥寒也,尝使之少忍饥寒;恐其不知民之勤劳也,尝使之少服劳事。"

可以看出,朱棣弟兄们不只是要学书本,而且平时一言一行都要合乎封建规范。

6.习武强志

朱元璋不希望他的儿子们成为文弱书生,因此让他们经常做些强健筋骨的活动。他当吴王不久,看到7个儿子渐渐长大了,"宜习劳,令内侍制麻履行滕。凡诸子出城稍远,马行十七,步行十三。"所谓麻履,就是麻鞋,行滕是指缠腿。这里是说,让朱棣兄弟7人都穿着麻鞋,裹上缠腿,像士兵那样到城外远足,十分之七的路骑马,十分之三的路要步行。这对长期住在深宫大院中的皇子们来说,虽说劳累点,但还是很有益处的。随着年龄的增长,他们还要不时地在演武场上练习武备,以健体强志。

7.体民疾苦

洪武九年(1376年),朱棣已是17岁的英俊青年,他的父皇准备让他们到外地去当藩王了,感到有必要让皇子们体验一下民间的生活。就在这一年,朱棣兄弟们一起来到安徽凤阳老家,那时被称为"中都"。在这里,朱棣仿佛看到,他的父皇小时候是怎么样受苦受难,深知创业是多么的艰难。他在这里住了三四年,民间生活对他的思想意识产生了深刻的影响。朱棣是个有心人,"民间细事,无不究知"。他当皇帝以后,还经常对儿子们说起他这段生活。认为自己能南北征战,不畏塞外风寒,就得益于这段经历。

登基称帝

明太祖有 26 个儿子,长子朱标封为太子,第四子朱棣封为燕王。朱棣受封之地为北平,是金、元两朝的都城。当时是全国的政治中心之一。因为北方有蒙古贵族的重兵,不可掉以轻心,所以明太祖把这样的北方重镇交给了朱棣,说明了对他未来的期待。朱棣 20 岁时,被派往藩地北平就职。他 39 岁时,明太祖病故,皇太孙即位,即建文帝。建文帝面对叔叔辈的诸多藩王,心存恐惧。他采取了削藩的措施。此时,朱棣的三个哥哥已相继去世,他成了长子。对这个侄子皇帝,他本有不臣之心,现在又要削藩,眼看刀就要砍到脖子上了,经四年苦战,终于夺得了帝位,年号永乐,称明成祖,又称永乐皇帝。

永乐盛世

明成祖统治期间以永乐作为年号,朱棣雄才大略、励精图治,发展经济,提倡文教,使得天下大治,他还宣扬国威,大力开拓海外交流,人民安居乐业,社会上可谓"路不拾遗,夜不闭户"。所以后世史学家称这一时期为永乐盛世。

朱棣一生成就的功业都是历史上少有的大手笔。他以北平一隅,凭借万人左右的军队,历经四年苦战,最终登上了大明王朝的皇帝宝座。他积极经营,把明朝的影响力推向了历史的高峰,一扫唐降以来中原政权的颓势,南征北战,威服四夷,尽现"马上天子"的英姿。他二次开国,在继承明太祖朱元璋的事业基础上有所开创,奠定了明朝 276 年的统治基础,并且缔造了大明帝国最兴盛的时代。

明成祖迁都北京

明成祖的一个重要举措是迁都北京。他即位之初,定鼎金陵(今江苏南京)。随着元朝残余势力退至漠北,长江岸边的金陵,就显得离重要的北部边陲过于遥远。为此,1403 年,礼部尚书建议,把北平改为北京,迁都北京。明成祖认为,天子居北,正是居重御轻,可以加强北部边防,就采纳了这个建议。但他深知,迁都是一件关乎国家兴亡的头等大事,必须审慎行事。

他首先为北平正名,有意提高北京的政治地位。下令改北平为北京,升为陪都,称作行在。同时,改北平府为顺天府。

他千方百计地提升北京的经济地位。他知道,北京虽然地理位置极端重要,而且是元朝的大都,但是它在经济上却远不及江南,不及金陵。因此,他首先想方设法使北京繁荣起来。于是,他下令向北京附近大规模地移民屯田,5 年之内减免赋税。一些军士,也被放归北京乡里种田。战乱之后,形成大量流民。他下令把流民组织起来,到北京一带去种田。甚至,他又下令释放犯人,安置在北京周边地区种田。他还实行了一些优待政策,如向他们免费提供牛具、种子。同时又将大批工匠迁往北京,给这些民户以更多的优惠政策。如诏免税粮,赈济优厚等。这样就在北京市内形成了工商业。由于这样多年的苦心经营,北京也就逐渐发达繁荣起来。因而,北京初步具备了大都市的规模,可以和金陵相媲美了。

1406 年,明成祖下令次年 6 月,正式营建北京宫殿。特派大臣到各有关行省采集巨木。又命大臣陈珪,主持北京宫殿及北京城市的整个设计营建工程。此后,正式启动的营建工程,就一直进行,从未中断过。1420年,北京的宫殿终于建成了。明成祖下令迁都北京。经过18年的曲曲折折,明成祖终于了却了自己多年的宿愿,完成了迁都盛举。从此,北京就成为明清两朝的都城,一直延续至今。

《永乐大典》

明成祖的历史功绩之一,是倡导修纂了《永乐大典》。《永乐大典》是我国古代编纂的一部大型类书,是中华民族珍贵的文化遗产。全书正文22877卷,目录60卷,装成11095册,总字数约3.7亿字。书中保存了我国上自先秦,下迄明初的各种典籍资料达8000余种,种类包罗万象,计有经、史、子、集、百家、天文、地志、阴阳、医、卜、戏剧、小说、技艺等项。这在当时真可以说是"包括宇宙之广大,统会古今之异同"。宋元以前的佚文秘典,多得借以保存流传。所辑录书籍,一字不易,悉照原著整部、整篇或整段分别编入,这就更加提高了保存资料的文献价值。全书体例"用韵以统字,用字以系事",检索非常方便。明成祖命名其为《永乐大典》。这是中国历史上的第一部百科全书。

永乐元年,朱棣下令编纂一部大书。他说:"你们要根据我的意思,编纂一部自有图书以来,包括经史子集、百家之书的,包罗万象的大规模的丛书。收书越多越好,不怕规模大。"他心中的蓝图是,编纂一部有史以来数量最多、种类最全、质量最好的大型图书。

《永乐大典》初名《文献大成》。明永乐元年(1403年)七月,明成祖朱棣命解缙、姚广孝、王景、邹辑等人纂修大型类书,永乐五年(1407年)十一月编成,它是中华民族珍贵的文化遗产,是中国古代最大的百科全书。

参加修纂的有全国的各种一流人才,包括名儒、名士、名医、名僧等,共计2169人。后勤安排得很周到。礼部负责在全国选拔抽调人员,从各地收集所需图书。光禄寺则负责修纂人员的食宿。在修纂过程中,明成祖经常检查、督促。发现问题,及时解决。有一次,他发现宫中所藏图书不够用。他说:"世人家稍有资产的,都想多买书,朝廷怎么可以缺少图书呢?"于是,他命礼部派通晓图书典籍的有识之士,到全国各地去收购图书。不问书价,再贵也买。这一次大规模地购书,对高质量完成《永乐大典》的修纂,起了关键作用。

发展经济

明成祖朱棣对各地方官吏要求极为严格,要求凡地方官吏必须深入了解民情,随时向朝廷反映民间疾苦。永乐十年(1412年),朱棣命令入朝觐见的500余地方官吏各自陈述当地的民情,还规定"不言者罪之,言有不当者勿问"。永乐帝还宣布"谕户部,凡郡县有司及朝使目击民艰不言者,悉逮治。"即地方官或中央派出的民情观察员,如果看到民间疾苦而不实报的,要逮捕法办。对民间发生的灾情,明成祖规定地方上要及时赈济,做到"水旱朝告夕振,无有壅塞"。

巩固边防

朱棣十分重视经营北方,永乐初即改北平为北京,设行在六部,增设北京周围卫所,逐渐建立起北方新的政治军事中心。永乐七年在女真地区,设立奴儿干都司。与此同时,争取与蒙古族建立友好关系。鞑靼、瓦剌各部先后接受明政府封号。永乐八年、十二年、二十年、二十一年、二十二年,朱棣亲自率兵五次北征,打击了居于漠北的蒙古贵族对内地的侵扰和破坏,巩固了北部边防,这就是明成祖远征漠北之战。

统一女真的努尔哈赤

明朝末期，生活在我国东北地区的女真族，出现了一位赫赫有名的领袖，由于他的努力，使散落在白山黑水间的女真各部统一起来，并建立起自己的政权，为后来入主中原奠定了基础。他就是努尔哈赤。

努尔哈赤出生在苏子河畔赫图阿拉（今辽宁新宾老城）的一个女真贵族家庭。为了生活，他年轻时，就不得不往来于马市做生意。在和汉人打交道的过程中学会了汉语，汉族的先进文化强烈地吸引着他，摆脱落后的志向逐渐在他的心里形成，他决心成为本民族最强有力的头人，带领本民族走上富强之路。

统一女真

女真人是一个古老的民族，很早时就生息在祖国东北的白山黑水间的富饶土地上。在明政府的管辖下，女真人分成许多部落，他们经常互相攻打、抢掠。在一次部族争战中，努尔哈赤的父亲遇难。25岁的努尔哈赤闻讯后，立即以复仇为名，兴兵发动了征服女真各个部落的统一战争。

当时努尔哈赤手下只有百十来人，几十副盔甲。凭着他的勇敢和智谋，投奔他的人越来越多，队伍不断壮大。经过几年的努力，统一了建州女真，从而引起女真族其他部落的恐慌。当时的女真族主要有三大部落，除建州女真外，还有海西女真和野人女真。海西女真中有个叶赫部最强,它联合了其他九个部落,结成联盟,分兵三路进攻努尔哈赤。

努尔哈赤听说九部联军来攻,便做好迎战准备,埋伏了精兵,安放了滚木石块,一切安排妥当后,他便安安稳稳地睡起觉来。他的妻子看了很着急,把他推醒,问他:"敌兵马上就到了,你怎么还能睡得着觉,难道你真的吓怕了吗?"努尔哈赤笑道:"如果我真的被吓怕了,就是想睡也睡不着了。"

第二天,派出的探子回报说,敌人的数量众多,将士们听了有点害怕。努尔哈赤平静地说:"不要怕,敌兵虽多,不过是乌合之众,如果有哪一部敢先攻,我们就解决他一两个头目,不怕他们不退。"

九部联军到了之后,努尔哈赤率兵严阵以待,叶赫部的一个头目带兵冲了过来,没想到坐骑被木桩绊倒,努尔哈赤的手下上去就把他解决了,叶赫部的另一头目见此情景吓得掉转马头往回跑。九部联军失去统一指挥,四处逃窜,努尔哈赤率兵乘胜追击,大败叶赫部。几年后,统一了女真族各部。

创建八旗

由于传统习惯的影响,努尔哈赤带领的部队,只是一支自然组合的队伍,缺少约束力,也较为松散。他们无论在平时,还是在战时,都很随便,生产没有组织,打仗没有纪律。

有一次,在围攻赵家城的战斗中,士兵竟然置城中敌人于不顾,只顾你争我夺。努尔哈赤两次传令禁止,都毫无效果,连传令的人也跟着抢掠去了。这样一支毫无纪律可言,一哄即散的队伍,不可能适应长期艰苦的统一战争。于是,努尔哈赤着手用一种新的形式来整编队伍。

狩猎是女真人重要的生产活动,他们经常整个部落出动围猎。在这种集体的行动中,为了互相配合,形成了一种临时的组织,就是部落首领把每10个人划分为一个行动小组,设一人为长。努尔哈赤借鉴这种临时的组织形式,把部下划分为众多的小组,每组300人。再将所有的小组统分成四个大组,这种大组,被称作为"固山",各以黄、红、白、蓝四色旗为标志,所以固山也称为旗。

随着队伍的扩大,四旗增到八旗。原四色旗外,又有了四色镶边旗。黄、白、蓝三旗镶红边,红旗镶白边。这样,就有了正黄、正白、正蓝、正红、镶黄、镶白、镶蓝和镶红八旗。这就是八旗制度。八旗制度战时管用,平时也管用。平时,旗是生产和生活的组织形式,男女老幼都编在其中。战时,它是军事组织,所有成年男子都是士兵。为了保证八旗组织有效地发挥作用,努尔哈赤还制定了许多规矩,实行赏罚分明的管理制度。

建立后金

努尔哈赤在统一女真各部的战争中,逐渐站稳了脚跟,并在烟筒山下修建楼台城堡。努尔哈赤在这里第一次正式地宣布了法令,严禁百姓作乱,建立了政权雏形。

随着势力的发展,这个小小的政权逐渐壮大起来。为适应新形势的需要,努尔哈赤在苏子河畔的赫图阿拉修建了一座规模更大的新城堡,这里地势开阔,有利于进一步发展。在新城堡,努尔哈赤又建立了一套较为复杂的管理机构和制度。即在八旗之外,另设执法机关,由负责行政事务的5名大臣和负责断案的10名都堂组成。这时,努尔哈赤正式称王,每5天设朝1次,按既定程序处理政务和民事。定国号为金,以天命纪年,当年为天命元年。这便是史书上称为后金的政权。

重视工匠

战争时首先要保证的是武器的供应,武器既要多又要好。努尔哈赤兴兵之前，女真人已经能够用铁制造武器，但铁的来源有限，于是努尔哈赤下令开矿炼铁。

掌握技术是发展手工业生产的关键，当时掌握先进冶炼技术的是汉人。所以，努尔哈赤对汉族工匠特别重视，视为国宝。他说："有人认为珍珠、金、银是宝，其实这些东西不是宝，寒不能衣，饥不能食。而那些能造出器物的工匠，才是真正之宝。"他特别优待工匠，凡有汉族工匠到来，他都给以优厚的待遇，把他们留下来，让他们安居乐业，献出自己的手艺。对战俘中的工匠也同样给以优待。在这些工匠的努力下，女真人的冶铁业和铸造技术迅速发展，不仅能制造质地精良的兵器，还能生产锄、斧、铲等铁制农具。

努尔哈赤在重视冶铁业的同时也重视纺织业。此前，女真人不养蚕，不种棉，只能织麻布。努尔哈赤通令全国，广泛种棉养蚕，对种棉和养蚕能手给以优待和奖励，积极推动棉织业和丝织业的发展。

女真人历来向汉人购买食盐，为了解除对食盐购买的依赖性，努尔哈赤派人到海边煮盐，从此女真人有了自己的制盐业。规定煮盐人可以不服公差，尽量多煮盐。在这种优惠的政策下，食盐产量大增。

由于努尔哈赤重视手工业和积极吸收外来技术，女真人的手工业生产就这样从无到有地发展起来，为女真人后来的发展壮大奠定了坚实的基础。

活跃马市

女真人生产落后，对外依赖性强，所以，马市在女真人生活中占有重要地位。马市是明政府在边关开设的交易市场。最初是为购买女真人的马匹而开设的，故名马市。后来发展成为女真人用人参、毛皮、榛子、松子等土特产，与汉人交换铁器、布帛、耕牛等物品的市场。努尔哈赤起兵后，积极利用马市来发展经济。在他的要求下，明政府批准在原来的抚顺马市之外,又增设三处马市。从而活跃了女真人与汉人的物资交流,丰富了女真的财富。

在马市交易中,女真人出售的特产主要是药材人参。女真人把采挖来的鲜参用桦树皮包好,然后润水保鲜,马市上出售的就是这种鲜参。这种鲜参不能持久,必须尽快卖出,但汉族商人又常常以各种借口拖延时间以压低价格,女真人为了不使鲜参烂掉,往往低价出售。有时辛辛苦苦采挖来的人参,拿到马市上也卖不出去,眼睁睁瞧着人参白白烂掉。

努尔哈赤看到传统的水浸贮参法,无法适应采参业发展的需要,便教女真人煮晒干参的办法,按此法加工人参,能够长时间保存,很受汉族商人的欢迎。从此,人参可以慢慢地出售,不愁因怕烂而被迫压低价格了。

从此,女真人的人参销售量逐渐增加,不仅销售到内地,还远销到朝鲜,换回了大量物品。女真人的经济力量得到快速发展,为后来的军事扩张提供了保障。

制定满文

由于社会生活发展的需要,也由于汉族先进文化对努尔哈赤的影响,努尔哈赤注意到了女真人文化方面的变革,提出了制定本民族文字的想法。

先前女真人说的是自己的语言,用的是蒙古族文字。后金政权建立后,随着各种材料的记录和往来文件的日益增多,语言和文字不统一带来的不便,越发明显。因此,努尔哈赤想借用蒙文字母,制定女真文字。

他把这个想法和懂蒙文的大臣进行了商议,大臣们说:"把我们口说的满语编成可以书写的文字,当然是好,但要用蒙古字制成新字,这可是一件十分困难的事情,恐怕不是我们这些人所能办到的。"

努尔哈赤说:"世上无难事,只要肯用心去做,就完全可以办到的。

利用蒙古字来标我们的语言，就可以因文见义了。制定我们自己的文字这件事儿，我已经考虑很长时间了，制定文字是我们民族发展的需要，也是切实可行的。此事对我们来说意义重大，你们先试着做一下，有问题我们再商量解决。"

大臣们遵照努尔哈赤的想法，克服种种困难，终于用蒙古字编出了一套满文字母。这样，女真人便有了自己的文字——满文，这是女真人在文化方面的一个突破性进步，女真人从此也有了用自己文字记载的历史。为了推广文字，努尔哈赤还创办了学校，在八旗中设立专职教师，命令八旗子弟入学读书。他在命令中还明确要求教师要认真教，学生要认真学，否则将进行处罚。

努尔哈赤所进行的这一切措施，使女真人的实力日益强大起来。努尔哈赤凭借自己的力量从明政府手里接管了东北的大部分地区。

定都沈阳后，努尔哈赤又率军进攻山海关外的军事重镇——宁远（今辽宁兴城），准备进一步夺取山海关，控制整个东北。但在这里，他意外地遇到了一个强劲的对手——明朝宁远守将袁崇焕，遭到沉重的打击，他本人也受了重伤，不得不退兵沈阳，在返回的途中死去。

努尔哈赤死后，他的继承人把他所建立的后金政权改名为清，并继续挥师南下，终于统一了全中国，他也被追尊为清朝的开国皇帝。

雄才大略的康熙

顺治十八年(1661年),清朝入关后的第一个皇帝——顺治,在养心殿驾崩了。根据遗诏,他的第三个儿子爱新觉罗·玄烨继承了皇位,他就是历史上有名的皇帝康熙。

爱新觉罗·玄烨8岁继承皇位,年号康熙,后人称他为康熙皇帝。康熙在位60余年,采取了许多发展经济和文化的措施,使统一的多民族国家,在相对安定的环境中得到了进一步的发展。

清除鳌拜

康熙继位时,由顺治遗命的索尼、遏必隆、苏克萨哈、鳌拜四大臣共同辅政。数年后,大权落到鳌拜一人手里。鳌拜结党营私、专权蛮横,不把康熙放在眼里,时常称疾不朝,甚至还要康熙亲往问候。

14岁时,康熙亲理朝政。他深知要成为一个有作为的皇帝,必须清除强权势力的干扰,那么首先要做的就是除掉鳌拜,摆脱鳌拜的控制。康熙一生的重大政治活动,就是从清除鳌拜开始的。

康熙知道除掉鳌拜并非易事,他势力很大,派人逮捕很难成功,必须出其不意,造成事实,然后治罪才行。

聪明的康熙,有意识地从身边侍卫和宫内打杂的少年中挑选贴心人员,陪伴自己习武。鳌拜入宫奏事,这些少年也不回避,时间长了,鳌拜也就习以为常了。

康熙等一切准备就绪后，便召鳌拜入宫，鳌拜和往常一样，大摇大摆地走进皇宫。康熙一见鳌拜，便立即宣布了他结党营私、图谋不轨等项罪行。

鳌拜认为康熙只是一个小孩子，仍然摆出往日的威风，甚至还威胁康熙。康熙把手一挥，大喝一声："给我拿下。"一群少年一拥而上，将鳌拜按倒在地，捆绑起来。接着，康熙命令大臣审讯鳌拜，查出了30条罪状，将其革职收监，又镇压了他的死党。康熙除掉了前进路上的拦路虎，第一次显示出了他的机智和才能。

平定三藩

清除鳌拜后，统一与分裂的斗争便在康熙与三藩之间展开了。藩指的是朝廷赐给功臣的封地。所谓平定三藩，是指平定吴三桂、尚之信（尚可喜之子）、耿精忠这三个藩王的叛乱活动。他们均为叛明降清的汉族将领，被分别封在云南、广东、福建三地，各自拥有重兵，掌握地方大权，形成了三个可与中央抗衡的独立王国。

康熙亲政的第12个年头，平西王吴三桂在云南首先发动叛乱。一年后，靖南王耿精忠在福建起兵响应，随后平南王尚可喜之子尚之信在广东也加入了叛乱集团，从此整个东南地区陷入战乱之中，这就是有名的三藩之乱。

当吴三桂在昆明发动叛乱时，正在贵州出差的两名京官得到了消息，立即骑马疾驰12天赶回京城，向康熙报告。消息传来，朝廷为之震惊。是容忍分裂割据，还是撤藩平叛，朝廷内部展开了激烈的争论。

康熙毅然坚持了撤藩的主张，不怕气焰嚣张的吴三桂的威胁，坚决不让他们分裂国家的阴谋得逞，决心以武力平叛。他一面夜以继日地研读战报，一面调集兵力，分路进军。并命令有关人员迅速学习西方国家的先进技术，赶造威力强大的火炮，加强军队的装备。还建立军事驿站，命令兵部于普通驿站之外，每 400 里安置一人，专职邮传。这样，数千里以外的边陲消息，七八天便可传到朝廷。

康熙首先以优势兵力击败了吴三桂的同党、陕西的王辅臣叛军，使吴三桂陷于孤立。迫降王辅臣后，为了瓦解敌人的阵营，又恢复了王辅臣的官爵，还授予他靖寇将军的称号。另一支清军进攻福建，一路势如破竹，耿精忠势穷力竭，被迫投降。尚之信见大势不好，也率众归顺。

耿精忠、尚之信败降后，吴三桂自恃势力强大，居然在衡州（今湖南衡阳市）当起皇帝，不料几个月后被打败。这样三藩之乱被彻底平定。

这场战争整整打了 8 年，波及 10 个省份。战争结束后，康熙大赦天下，犒赏将士，取消了藩镇制。平藩的胜利，避免了国家的分裂，并且使三藩之地获得了恢复和发展，加强了与内地的联系。这一年，康熙 28 岁。

设台湾府

明朝末期，荷兰殖民者趁明朝国势衰败之机，出兵侵占了我国宝岛台湾，在台湾实行殖民统治。清初，在福建沿海坚持抗清的郑成功，决心从荷兰殖民者手中收复台湾。

1661 年，郑成功率领 25 000 名将士，乘坐 400 艘战舰从金门出发，横渡台湾海峡，抵达台湾岛南部，登陆后受到数千当地居民的热烈欢迎。荷兰军队分水陆两路反攻。郑成功指挥军队迎击，在海上击沉荷兰战舰，在陆路迅速占据重要渡口，把敌人包围在赤崁（kàn）城和台湾城两个孤立的据点中。赤崁城的荷军看到坚守无望，向郑成功投降。随后，郑成功对台湾城采取长期围困的战略，并多次打败荷兰的海上援军。1662 年 2 月，经过 8 个月的围攻，郑成功发动总攻，荷兰殖民长官被迫投降。至此，被荷兰侵略者占据了 38 年的台湾，重新回到祖国的怀抱。郑成功是我国历史上的民族英雄。

郑成功死后，他的儿子继续治理台湾。清王朝在稳定了对内地的统治后,决定对台湾用兵,进一步实现国家的统一。1683 年,清军两万人进攻台湾,郑氏军队战败,台湾归入清朝的版图。1684 年,清朝设置台湾府,隶属福建省。台湾府的设置,加强了中央政府对台湾的管辖,巩固了祖国的东南海防,台湾的社会经济发展也步入了新的历史时期。1885年,台湾正式建省,成为中国的一个行省。

融合满汉

康熙深知少数民族统治以汉族为主的国家是不容易的。千百年来,以汉人为正统的观念,在百姓心中根深蒂固。汉人随时都会以各种方式,反对清政权。尤其是汉人知识分子更难于控制,他们是反满的主要力量。有的隐居山林,以逸民自居,时不时留下一点笔墨,以示对汉人政权的留恋。有的则云游四方,效法司马迁留信史于人间。他们直接或间接地扰乱人心,动摇清的统治。

康熙深知要有一个稳定的统治局面,必须笼络住汉人知识分子。于是他在正常的科举之外,设立"博学鸿词科",用以招揽愿意归顺的品行兼优、文辞卓越的汉人。各级官员都可向朝廷推荐,由皇上亲自考试录用,然后根据名次,授予不同的职衔。当时许多汉人名士被网罗在内。

此外,康熙还制造满汉一家的祥和气氛,消除民族矛盾。多次宴请汉人官员,名为"升平嘉宴"。席间康熙亲赐美酒,特令笑谈无禁。他还多次举行"千岁宴",诏命天下满、汉臣民,凡年过 65 岁者,与宴赋诗。每次宴请后,还要赏赐与宴者许多礼品。

康熙还努力提高自己的汉文化修养。在清初几位皇帝中,康熙是汉化程度最高的一位。他不但好读儒家经典,而且懂得以儒术治理国家的道理。他说过:"读一卷书,有一卷书的收益;读一天书,有一天书的收益。""四书五经"他能够字字成诵。在康熙看来,经常读书,可以了解古人做事的原则及得失,从中吸取有用的东西,以减少自己的过失。

康熙执政 61 年后病逝。在中国古代,执政时间这样长的皇帝,康熙是第一人。他锐意进取,事无大小均要亲自处理,连奏章内的错字,也要亲自改正。他说:"如果今天留点事未处理,明天就会多点事等着处理,如果明天再有些拖拉,那么后天就会留有更多的事情。"

清政权的巩固,制度的完善,疆域的拓展,基本上是由康熙完成的,康熙奠定了清朝 260 多年的统治基础。

雅克萨之战

16 世纪初沙皇俄国由欧洲一个不大的公国,逐步对外侵略扩张。17 世纪中期,沙俄在勒拿河流域建立亚库次克城,作为南下侵略中国的主要基地。从此,它便不断地派遣武装人员入侵中国黑龙江流域。在清朝初期,沙俄侵略军开始在雅克萨和尼布楚筑城盘踞。清政府虽多次警告,都无济于事。

针对这种情况,康熙采取恩威并用、剿抚兼施的方略,即发兵扼其来往之路,屯兵,永戍黑龙江,建立城寨,与之对垒,进而取其田禾,使之自困。同时再辅以严正警告。如果侵略军仍执迷不悟,则坚决予以剿灭。

康熙二十二年(1683)九月,清勒令盘踞在雅克萨等地的沙俄侵略军撤离中国领土。侵略军不予理睬,反而流窜到爱珲劫掠。康熙二十四年(1685)正月二十三日,为了彻底消除沙俄侵略,康熙命都统彭春赴爱珲负责收复雅克萨。四月,清军约 3000 人在彭春统率下,从爱珲出发,分水陆两路向雅克萨进军。清军抵达雅克萨城之后,要求俄军投降,被拒绝。清军攻城,侵略军伤亡甚重,乞降。清军同意俄军撤至尼布楚(今涅尔琴斯克)。之后清军回师,仅留部分兵力驻守爱珲,加强黑龙江一带防务。

沙俄侵略军被迫撤离雅克萨后,继续拼凑兵力,图谋再犯。康熙二十四年(1685)秋,沙皇派 600 兵士增援尼布楚,并重新侵占雅克萨。俄军这一背信弃义的行为引起了清政府的极大愤慨。次年初,康熙下令反击。七月,清军包围雅克萨城,勒令侵略军投降。再次被拒绝。清军攻城,沙俄军队顽抗待援。清军在雅克萨城的南、北、东三面掘壕围困,在城西河上派战舰巡逻,切断守敌外援路线。在待援无望和清军攻击的情况下,800多侵略军在几个月之后仅剩下60多人,沙俄征服被迫向清朝请降,遣使议定边界。清政府答应了其请求,准许侵略军残部撤往尼布楚。双方于康熙二十八年(1689)七月二十四日签订了《中俄尼布楚条约》,规定了黑龙江和乌苏里江流域包括库页岛在内的广大地区都是中国领土。

雅克萨之战,是沙俄侵略者妄图侵占我国黑龙江流域大片领土,我国军民被迫进行的一次反对侵略、收复失地的自卫战争。